放送大学に学んで

未来を拓く学びの軌跡

放送大学中国・四国ブロック学習センター
編著

東信堂

はしがき

放送大学は放送大学学園（文部科学省・総務省所管）によって設置された正規の通信制大学です。現在、約9万人の学生がラジオ、テレビ、インターネットなどを通じて学んでいます。学部では124単位取得すれば学士（教養）の学位が取得できます。大学院には修士課程と博士課程も設置されています。入学機会は4月1日と10月1日の2回あり、これに対応してその前にそれぞれ3ヶ月余の学生募集期間があります。この間、ラジオ、テレビ、インターネット、ポスターなどのさまざまな媒体を通じて学生募集が行われます。なんといっても学生募集の最前線は全国47都道府県に設置された学習センターにあります。各センターの職員はさまざまな施設や機関を訪問し、学生募集要項を配付したり、ポスターを貼ったり、展示会を開催したりと奔走する日々が続きます。それぞれの地域をくまなく訪問するのは並大抵のことではありません。

また、放送大学の何たるかを知ってもらう機会にと講演会やセミナーなども開催します。さらに、詳細を聞きに学習センターに来られる方々の相談にものります。入学手続きのお手伝いもします。ところが、これほど手間暇かけて広報活動を展開しても、放送大学の知名度は意外に低いのです。放送大学関係者の間には、一般の人は「放送大学とは放送関係の業務に携わる人材を養成する教育機関」であると理解しているという笑い話が流布しています。ことほどさように放送大学は知られていないのです。どうすれば放送大学の素顔を知ってもらえるのか、おおいに悩むところです。

ところで、高校卒業時に家庭の事情等で進学をあきらめたが、仕事や子育てが一段落した機会に長年あこがれていた大学に入学したいという方は存外多いものです。また、さまざまな資格を取得するために入学を考えている人も少なくありません。そのような方々には仕事や家事をしながら、いつでもどこでも、しかも比較的安価に学べる放送大学はうってつけですよとお薦めします。しかし、その多くが「私なんかに大学での勉学についていけるでしょうか」と不安を吐露されます。「いや、大丈夫ですよ。同じような経歴や年齢の方もたくさん学んでおられ、みごとに卒業して学士（教養）の学位を取得されていますよ」と説得するのですがなかなか踏ん切りがつかないようです。「もう少し考えてからにします」と二の足を踏まれる方や、「そうはいわれても自信がありません」と尻込みされる方が多い。このような方々に一歩踏み出していただければと願うのですが、その方策がなかなか思い浮かびません。

そこで学生募集に際して放送大学の生きた姿を知ってもらうために、入学を希望されつつもう一歩踏み出せない方々の背中を押すために、さらには、勉学に行き詰まったり、悩んだりしている在学生を鼓舞激励するために、卒業生や在学生の学びの体験談を聞いてもらおう。そうすれば「あっ、これなら私にもできそう」、「悩んでいるのは私だけではないのだ」、「そうか、こういう方法もあるのか」などと思ってもらえるのではないか。そう考えて本書を刊行することになりました。中国四国の鳥取、島根、岡山、広島、山口、徳島、香川、愛媛、高知の9つの学習センターの卒業生や在学生に原稿を依頼したところ、たちまちの内に80編を超える玉稿が集まりました。そのいずれもが「人はなぜ学ぶのか」、「学びによって何が得られるのか」、「学ぶとはどういうことなのか」、「学びの喜びとは何か」、「学びと人生の関わりは」などなど、学びの本質に迫る珠玉の体験談でした。その結果、はからずも上記の本書刊行の目的をはるかに越え、生涯学習、成人教育とは何かをあらためて考えさせられる一書になりました。

放送大学の学習センターには、10歳代から90歳代までの老若男女の学生のみなさんが在籍しています。みなさんが日々、学習センターに来て、あるいは自宅等で懸命に学習に励む姿を見て、われわれは「この熱意はどこから来るのだろう」と考えてきました。もちろん、学士号や修士号等の学位や資格を取得する目的はあるでしょう。しかし、それらを取得した後も再入学して学ぶ人、あるいは資格取得は目指さず、学問する純粋な喜びで学ぶ人も多いのです。

実際に放送大学で学び、様々な苦労や困難を乗り越えて新たな高みに到達した学生のみなさん、あるいは今も懸命に学んでいるみなさんの生の声には胸を打つものがあります。本書の編集にあたったわれわれ自身、皆さんの体験記を読むことで大きな感動を受けました。学ぶという営みは、過去とは違う新しい自分になる行為です。学ぶことを通して、単に知識を得るだけでなく、他人の悲しみや痛みを理解し共感しうる新たな自分（「教養ある人間」）になれるのです。本書はそのことを雄弁に物語っています。

本書は三部から成っています。第Ⅰ部には学生の学びの体験記をいくつかのカテゴリーごとに収録しています。第Ⅱ部にはこれまでに報道・記録された学生の声を、学位記授与式での謝辞、文部科学教育通信や各学習センターの機関紙等に掲載された記事、および新聞記事などから選びまとめています。そして第Ⅲ部には学習センター所長からの学生へのメッセージを収録しています。

放送大学関係者のみならず、ぜひ多くの方々に本書をご一読いただき、このような真摯な学びの姿や学びの場があることを知っていただければと願っています。もちろん、これをきっかけに放送大学の門をたたいていただければ、これにすぐる喜びはありません。

なお、一般読者に本書の内容をご理解いただくうえで最低限必要な放送大学に関する事項を以下に記しておきます。

放送大学には教養学部教養学科「生活と福祉」、「心理と教育」、「社会と産業」、「人間と文化」、「情報」、「自然と環境」の6つのコースが設けられています。学生には「全科履修生」、「専科履修生」、「科目履修生」の種別があります。全科履修生は6つのコースのいずれかに所属して4年以上在学し、所定の124単位以上取得すれば卒業が認定され、学士（教養）の学位が授与されます。必ずしも大学の卒業を目的とせず、自分の興味関心に基づいて一定の科目を選択し履修を希望する者は専科履修生（1年間在学）、または科目履修生（6ヶ月間在学）として入学できます。6つのコース全てを卒業した学生は「グランドスラム達成者」あるいは「名誉学生」と呼ばれ、NHKホールで挙行される学位記授与式で学長から表彰状が贈られます。

大学院修士課程には「生活健康科学」、「人間発達科学」、「臨床心理学」、「社会経営科学」、「人文学」、「情報学」、「自然環境科学」の7つのプログラムが、大学院博士後期課程には「生活健康科学」、「人間科学」、「社会経営科学」、「人文学」、「自然科学」の5つのプログラムが設けられています。修士課程は2年以上、博士課程は3年以上在学し、各プログラムが開設する所定の科目を履修すると共に、修士論文または博士論文、および口頭試問の審査に合格すると、それぞれ修士（学術）、博士（学術）の学位が授与されます。

所定の単位を取得すると学部では「認定心理士」、「学芸員」、「上位・他教科等の教員免許」、「栄養教諭免許」、「社会教育主事」、「図書教諭免許」など、大学院では「臨床心理士」など、さまざまな資格を取得することができます。また、「看護師」、「税理士」、「社会保険労務士」、「保育士」

などの国家試験の受験資格を得ることもできます。

放送大学ではテレビ、ラジオ、インターネットなどで配信される放送教材とテキストを併用して学習します。放送大学には各県に学習センターが設置されています。学習センターではCD、DVD、インターネットなどによる放送教材の視聴や閲覧ができます。また、教員との対面授業である面接授業、セミナー、講演会も開催されています。さらに、サークル活動、学園祭、研修旅行などが実施されています。

大平文和・吉倉紳一・安原義仁

2章　学びへの再挑戦　25

3章　資格ステップアップ　44

10章 『文部科学教育通信』と機関紙から

第Ⅲ部　学習センター所長からのメッセージ

放送大学に学んで

第Ⅰ部

このように私は学んだ

放送大学 学位記授与式

1章　学ぶ喜びと楽しみ

放送大学生活を満喫する

小林忠夫

放送大学の存在は20数年前に知っていました。そのころは岡山大学経済学部の編入生でしたから、ともあれ小耳に挟んだままに終わっていただけでした。ややあって法学部（岡田雅夫教授主宰の行政法ゼミ）に転籍し、さらには大学院社会文化科学研究科へ籍を置いてつかの間広島へ転勤となりました。このことを契機に、気掛かりであった放送大学のことが浮上したにも拘わらず、職務上繁忙をきわめての新幹線通勤でしたからいかんともしがたい状況でした。

しかも、受講手段は限定的なＢＳ放送とかＣＳ放送だったように記憶していますが、そのいずれも受信装置を欠くため断念しておりました。そうこうするうち、２００５年に縁あって公民館長に就任したなかで、某スタッフからの休暇届けを受理しました。「放送大学の単位認定試験のため数日間のお休みを」とのことでした。そのことによって触発され一挙に放送大学が身近な存在であることを知らされ急接近したのでした。

学士等の学位取得、看護師・臨床心理士などの資格取得への挑戦、ひたすら学究に邁進される人、はたまた学業の傍らクラブ活動にいそしまれ、大学生活をエンジョイされる方々、まさしく百花斉放・10人10色の大学なのです。でありますからキャンパスの居心地のよさは抜群で、諸施設の充実に満足しておりますから、閉所日でないかぎり弁当持参で毎日登校し、夕刻には家族とともに夕食が摂れるようにするため時刻を見計らって下校する。このような生活を過ごしてはや5年目を迎える有様となりました。

何故そのような悠々自適な日々を送れるのかと言えば、小生にとっては、①何ものからも拘束されず自由が尊重されているうえに、何不自由なく諸サービスを提供してくださる学習センター所長をはじめとするスタッフの皆様のご親切に浴され、②学びの心を充足させていただける多種にわたる特別セミナーの提供を受けられているからです。

多種にわたると言えば、全国規模でのチャンスに恵まれる面接授業があります。面接授業の大方の内容は、各教授陣の研究成果の発表の場であるかのように実に特異的講義ですから、耳目を集中させられ今やもっぱらズボッとはまっている次第です。如何せんそのメニューたるやおよそ凡そ二千講座余、いかなる人も選択に苦労させられるスケールの豪華さです。かてて加えて学割にて全国各地へ出向けることも魅力として見逃せません。諸先輩のなかには九州・沖縄から北海道までを踏破された人もいるとか。しかも、しかもですよ、やがて学びのコツらしきことも体得した現在、面接授業でのリポート作成で思いの限り知見を表出できることに満足しているのです。意外な充足感を得ています。

ことほどさようですから私にとっての目下の「学び」とは、卒業研究報告書の製作のための毎日の登校をコアにして、諸先生による専門特化した面接授業（座学とエクスカーション）への出席と称する全国旨い物食べ歩き巡りということでしょうか。とまれ卒業単位取得にはあと両手両足の指を超えるくらいの年数は必要でしょうね。

【名前】小林忠夫（こばやし・ただお）
【年齢】72歳
【所属学習センター】岡山学習センター
【学生種別】全科履修生（社会と産業コース）

学びから広がる世界、そして挑戦へ

三ツ國全代

放送大学で２０１４年度に行われたエッセイコンテストのテーマは「放送大学の学びを生かした私の地域貢献」でした。これはまさに、私が放送大学への進学を決めた理由にぴったり当てはまるものでした。すぐにエッセイを書き始め、何度か書き直して応募したところ、優秀賞をいただくことができました。私の思いを文章にして伝えることができ、評価していただいたことに大満足しています。そして、幕張の本部で行われた表彰式の日、岡部洋一学長が自ら私の携帯電話を手に取り、フェイスブックの「放送大学バーチャルキャンパス」への加入登録をしてくださったのです。それが私の中で「全国に広がる放送大学」をとても身近に感じることのできた瞬間となりました。

私が放送大学に入学したのは、２０１２年の春、長男の大学進学と同時でした。東京の４年制大学へ進学する長男のことが羨ましくなり、秘かに眠っていた「やっぱり私も大学へ行きたい！」という思いがわき出てきました。しかし、仕事や子育てのため通うことができません。大学へ行くには通常多大な費用がかかります。悩んでいたとき、中学校時代の同級生から「茗荷谷にある東京文京学習センターのキャンパスも教授陣も素晴らしいよ」と放送大学を勧められたのです。鳥取学習センターの窓口で見学を申し込むと、とても親切に案内してくださいました。そして驚いたのは、談話室におられた数人の高齢の方々が、次の試験や授業の話などを生き生きとお話されていたことです。そんな光景を目の当たりにし、「こんな元気な人たちがここにいたんだ」と嬉しくなりました。私は社会保険労務士として仕事をする中で、企業で働く人たちが心や身体の健康を損ない、休職せざるを得ない状況を何度か見てきました。そんな人たちを救いたい、地域社会へ貢献したいという思いが放送大学を通じて実現すると確信し、「心理と教育コース」に入学しました。短大で取得していた単位を一部生かして3年次編入したため、2年半でいったん卒業しましたが、その後「社会と産業コース」に再入学し、勉学を続けています。

放送大学は通信制のため、ネット配信される放送授業をみたり、テキストを読んだりなど自宅で一人きりで勉強することが多いです。しかし、卒業までの単位を取得するには面接授業にも出席しなければなりません。私は東京（東京文京、渋谷、多摩）や大阪、岡山、島根の学習センターにも通いました。「あの先生の講義が受けてみたい、お会いしてお話してみたい」と思ったとき、その先生の面接授業を選択することができます。それだけでも地方にいる私たちには貴重な体験となります。認定心理士の資格を取得するために心理学実験もこなしました。慣れないレポート作成には四苦八苦しましたが、そこで出会った友人たちとメール交換をしながら励まし合いました。フランス文学や中国語、美術鑑賞の授業では、新たな世界が広がったようにも思います。

フェイスブックのバーチャルキャンパスを覗く限り、学友の中にはまめに1科目ずつノートを作成したり、過去問を解いたりして(A)(90点以上)を目指す方もおられ、その熱心さには大変刺激を受けています。単位認定試験では60点以上取らなければ不合格、という厳しさがあります。正直なところ私は、放送授業もほとんどみられないまま、ほぼ一夜漬けで試験を受けることもあります。その場合はテキストを一通り読み、添削問題と自習問題を完璧に暗記します。それだけでも合格点に達することができるので、そんなに不安は必要ないのかなと思ったりします。認定心理士の資格も無事取得することができました。

決して真面目な学生とは言い難い私ですが、心理と教育コースを卒業したとき、鳥取学習センターで行われた学位記授与式では、卒業生出席者が私一人であったにも関わらず盛大な式を催していただいたことに、嬉しさと驚きのあまり思わず涙が溢れてしまいました。また、年度末に行われた渋谷のＮＨＫホールでの学位記授与式には、せっかく女子大生になれたのだからと初めての袴姿で（若作りして）参加させていただきました。学長の指揮で学歌を歌い、卒業の喜びをかみしめながら、このまま放送大学を去りたくないという気持ちが強くなったことを記憶しています。

放送大学にはサークル活動もあります。私は鳥取学習センターの和装サークルと、フェイスブックグループのランニングサークルに所属し活動しています。年齢性別に関係なく、全国に学友の輪が広がっていく楽しさを実感しています。

いくつになっても前へ進む力を与えてくれる放送大学。今後もさらに学びを通して、心も身体も元気な仲間が増えることを期待しています。授業科目案内が届くたびにワクワクしながら眺め、いずれは卒業研究や大学院の入学試験にも挑戦してみたいと考えている今日この頃です。

【名前】三ツ國全代（みつくに・まさよ）
【年齢】52歳
【職業】社会保険労務士、行政書士
【所属学習センター】鳥取学習センター
【学生種別】全科履修生（社会と産業コース）、大学院修士選科履修生
【既卒業コース（年月）】心理と教育（2014年9月）
【所得資格】認定心理士

初心忘るべからず

西本弘之

「初心忘るべからず」ということばがあります。能楽の大成者である世阿弥のことばです。私の放送大学での学習は、1997年6月に韓国江原道春川市へ1ヶ月出張したことがきっかけでした。訪問先で「日本の文化」について通信教育で勉強している人に会いました。その人と比較して、韓国の事を知らないことが多かったと感じ、偶然見た放送大学の募集パンフレットで「朝鮮の歴史と文化」という科目があることを知り受講を始めました。鳥取学習センターが開設されたのはちょうどこの頃でした。

現在は退職をしましたが、私のもともとの仕事は鳥取県産業技術センターで技術分野の研究開発を行うことでした。技術者の理想は、一つの専門に特化した人間よりもT型人間さらにはπ型人間だと言われており、放送大学は幅広い科目を選択できる魅力がありました。公設の研究機関で研究開発の業務を行ってきましたが、放送大学では自分の専門分野の技術関係のことを整理する意味で、技術の全体像を勉強することができました。最初は、仕事の内容に近い「産業と技術コース」を卒業しました。

再入学は、西田良平元所長から同窓会を作りたいので協力をしてほしいとの申し出でと同時に、再入学してはどうかとの勧めで再入学を検討し、今度は違った分野を勉強しようと考え、「人間と文化コース」を選びました。2回目の卒業をめざすにあたって、卒業研究のテーマの設定は、長年従事している茶道に関連するものとしました。茶会の準備をしている時に、茶花を入れるのに「ある比率」があるのではないかと考えたことがありました。そこで、この事象を調べようと考え、卒業研究テーマは「茶花における美しさの規則性解析に関する研究」としました。茶会の準備をしているときに、籠の花入に茶花を入れるときにある比率（？）に気がつきました。ある部分（？）の比率を2・5倍で入れればよさそうではないか。調べてみると、黄金比は一般には1：1・618ですが、1：1・618の2乗は2・618です。2・5に近い値であることが大事ではないか。この疑問が卒業研究のスタートでした。

日頃から、茶道や禅的な考え方は、従来研究してきた先端的な技術の向こう側にあるように感じています。東洋の禅と西洋の科学について明解に述べている人がいます。明治から戦後まで生き抜き、はじめて世界に禅を広めた鈴木大拙は「西洋の科学的な、分析的なものの考え方は、対立を生みやすい。西洋の科学は、分けて分けて考えている。」「一方で、東洋思想には、人々を融合させ本来の意味で人間に自由をもたらすすぐれた世界観がある。」と述べています。

実際に、茶道や関連の人文科学的な分野を理工学的な視点で見てみると、面白い分析ができる現象がたくさんあることに気づきました。鈴木大拙の言うように、物事を分けて考えることは、元々は私の仕事で、電気・電子・機械分野の研究をするものに近い手法でした。「黄金比、白銀比、青銅比」という比率は、多くのもので使われています。

現在は、再々入学をして学部3回目の卒業とさらに大学院修了の両方に在籍しています。3回目の入学では情報コースに在籍して、人文科学的な「茶花の古書をデータマイニング」というコンピュータによる解析技術を適用した卒業研究を行っています。古書を統計的な視点で見ることは行われていないので結果が楽しみです。大学院の修士論文では、同様に人文科学的な視点で「茶道具の美しさを特徴抽出する」研究をしています。従来行われていない手法での研究です。

世阿弥の著した『風姿花伝』を読んでいて、年齢に合わせた芸道の修得の方法についての記述があることに気づき、非常に興味を覚えました。芸道の修得を技術習得に置き換えれば同様なことがあると考えます。技術習得も年齢に合わせた修得を行わなければならないことがあります。技術研究を行っている時、他人が行った研究の追試をすることがなかなかできなかったものです。訓練ができてくると追試ができるようにもなるし、先が読めるようにもなりました。自分の仕事の流れの中でも、年齢の若い時の仕事に仕方と（?）責任を持って仕事をしなければならない年齢について、同書に的確に記述されていることに驚きを感じました。

「初心忘るべからず」を『広辞苑』で探すと「学び始めた当時の未熟さや経験を忘れてはならない。常に志した時の意気込みと謙虚さをもって事に当たらなければならない意。花鏡「当流に万能一徳の一句あり。初心忘るべからず。」とあります。
最後に、２０１６年度の大学院の講義に魚住孝至先生の「道を極める——日本人の心の歴史」があります。道を極めることは難しいのですが、世阿弥の『風姿花伝』を読んでみて、産業や技術関係はどんどん進んでいるのですが、根本の考え方は何百年経っても変わらないものだと感じています。退職してからの放送大学の勉強は、世阿弥が言っている「初心忘るべからず」のうち、「老後の初心忘るべからず」ではないかと考えています。

【名前】西本弘之（にしもと・ひろゆき）
【年齢】64歳
【職業】米子高専産学連携コーディネーター
【所属学習センター】鳥取学習センター
【学生種別】全科履修生（情報コース）、大学院修士全科履修生（情報学プログラム）
【既卒業コース（年月）】産業と技術（2002年9月）、人間と文化（2015年3月）

宇宙の真理を求めて

廣瀬文江

「あまたの星々のなかの　この地球にあってわれらはまなぶ　世界を　自分を　われら　どこから来て　どこにゐるのか……」――「そうなのよ、それ！　私がずっと知りたかったこと！」。放送大学の入学式で最初に流れたこの大学学歌。この歌詞を聞いた時、感動し、これからずっと、ここで学べると思うとワクワクしました。40年以上も前に、放送大学ができると聞いた頃からずっと、私もいつか「大学」で学びたいという「大学」に対する強い憧れがありました。「大学卒業」という資格が欲しかったのです。

私は宇宙に関する勉強をしたいと思い、「宇宙にはなぜ我々が存在するのか」「宇宙は本当にひとつなのか」というタイトルに惹かれて本を読んでいた頃、大学の科目に「宇宙を読み解く」というのがあり、講義概要に「文系学生にも分かり易く」とあったので早速とびつきました。その後、「進化する宇宙」「太陽系の科学」と、いつもワクワクしながら授業を受けました。

１３８億年前に、この宇宙がビッグバンでできたこと。天の川銀河の中には、１０００億個の恒星があり、更にこの宇宙には、１０００億個の銀河が存在すると見積もられていることなど、多くを学びました。

「こんな事も分かっているのか！」と、毎日が発見の連続で、「本当に自分は今まで何も知らなかったのだな……」と思うことばかりでした。講師が書かれたあるテキストの「はじめに」の中に「……宇宙は桁違いというも愚かなほど大きく……」とあり、この一言に、宇宙の巨大さが全て語られているような気もしました。「この講義を通して現代の地球市民の基本的教養として自然界の科学的認識を育てていただければ……」、「宇宙とは、私たちが住む世界そのものであり、人間存在の根源である」と書かれていますが、私もこの科目の受講をお薦めします。

他に受講した文学、哲学、またグローバル化に関する科目なども同様で、一つ一つの授業がいつも新鮮でした。授業では、外来語や専門的な言葉も多く、「もっとわかり易い言葉で書いてあればなあ……」と思いながら、「漠然とは分かるのだけど、この際、きちんと調べてよく理解しなければ」とテキストに書き込みをしています。最近は辞書ではなく、放送大学の入学時に学生割引で購入したスマホで調べていますが、即分かり、時間短縮でとても便利です。

授業によって、「今日の要点は3つです。重要な所はここです！　今日のまとめは〇〇です！」とポイントをまとめて言われる講師は、授業がとても分かり易く、目も覚めます。

また、思わず、食いついてしまうほどの授業もあります。最初にいきなり音楽が流れたり、眠くなった頃にまた音楽。そして言われることが面白くてクスッと笑ったり、学生の気持ちをよく理解されて「今日で、もう何章まで来ましたね。あと少しです。頑張りましょう！」などと言われると、思わず涙が出そうになり、親近感が湧き、頑張ろうという気持ちになります。

山口学習センターへは、ほぼ毎日のように通学し、このような施設があることが大変有難いです。談話室では、多くの友人、先生方と話ができ、とても楽しい場所です。受講している科目の話、勉強の仕方、世間話、趣味の話、ソフトクリームの美味しいお店等々です。受講科目について、そこで話題になった科目を選ぶこともあります。また、働きながら学んでいる人の熱心な姿勢にもパワーを貰います。この談話室で、入学したばかりの私に温かく声をかけてくださった先輩の方々がいらっしゃいます。その方たちのお蔭で私は今、放送大学の学生を続けていることができるのです。あの方たちの励ましの言葉が無かったら、途中で辞めていたかも知れません。とても嬉しかったので私も、新しく入られた方に同じように声をかけるようにしています。

60歳を超えた今、この様に学べる機会があること、そして理解してくれる家族がいることに感謝の気持ちでいっぱいです。放送大学学歌にあるように「われらどこから来て　どこへ行くのか……」と、常に「真理」を求めて、これからも学び続けていこうと思います。

【名前】廣瀬文江（ひろせ・ふみえ）
【年齢】64歳
【所属学習センター】山口学習センター
【学生種別】全科履修生（人間と文化コース）

学びのサイクル再回転

納所裕美子

子どもの頃は、特にやりたい事もなく、深く調べたり、考えをまとめたりする事にも興味がなかったので、「勉強」が好きではありませんでした。建築の専門学校を卒業後、仕事を通じて、やりたい事を見つけたことと、一級建築士の資格の取得をめざして図面を手で描く実技試験や多岐分野にわたる学科試験の勉強をしていくうちに、「学ぶ楽しさ」に気づきました。

自分自身の成長や仕事、活動の幅を広げるには、一般教養が充実している大学を卒業することが大切だと感じていました。建築の専門的な知識だけでは、この社会で通用することが難しい。そういう場面が何度もありました。大学で学んでみたいという気持ちはずっとありましたが、一級建築士の資格取得後は日常生活の中で必要にも迫られず、後回しになっていました。ある日、友人から「放送大学」の話を聞き、自分のペースで様々な教養や知識を身につけられるチャンスだと思い、子どもが幼稚園に入学した年に、私も大学に入学することに決めました。子どもが出来たことで、色んな事を教えたいという気持ちが、それまで二の足を踏んで来た自分の気持ちを後押ししてくれたのです。子どもが小学生になる年には卒業したかったのですが、いろいろとあり3年時編入学をしてから4年半かけて卒業することができました。

在学中は、語学・文学・文化・人間・教育・美術など、今までに興味はあったけれど、学んだ事が無いことをたくさん学ぶことができました。育児の合い間に教科書を読んだり、パソコンで授業を受けたり、限られた時間で集中して学びました。面接授業では、専門的なことを集中して学ぶ事ができました。単位認定試験も久しぶりに緊張感をもって受けました。卒業研究は「鹿鳴館の女性と建築」について調べ、今まで学んできた建築知識だけでなく、学校や社会で経験して学んだ事、女性として学んだ事など、これまでの自分の取り組みに区切りを付ける事ができました。放送大学は、私の学びのサイクルを再び進めてくれたとともに、ずっと学び続けるきっかけになったと感じています。

実は、今年の7月に第二子を出産しました。第一子とは8歳の年の差で、また一から子育てが始まりました。家事育児がますます大変となりますが、それをできない理由にせず、むしろ、空いた時間を最大限活用して勉強を続けていきたいと思っています。今後は、学位授与機構で工学学士を目指し、子供と一緒に学び続けていきたいと思います。

【名前】納所裕美子（のうしょ・ゆみこ）
【年齢】44歳
【所属学習センター】岡山学習センター
【既卒業コース（年月）】人間と文化コース（2015年9月）

働きながら学びを楽しむ

稲垣靖之

私は放送大学で学びはじめて13年になります。きっかけは元いた職場に届いたリーフレットでした。その時には入学しなかったのですが、その年の4月、放送大学広島学習センターへ事務職員として派遣され、10月に全科履修生として入学しました。

職員でいる間には単位修得はせず、元の職場へ帰任してから本格的な単位修得をはじめました。その頃は科目履修に一所懸命ですから、1学期に7科目の放送授業履修など、今考えると相当無理をしたものです。しかも単位認定試験は仕事を抱える身ですので土日受験となり、試験が3時間連続になってしまったとか、失敗の連続でした。私の場合、放送授業は学期に3〜4科目程度がちょうどいいようです。

焦らず無理せずを念頭に、放送授業の学習は、比較的時間のある通勤中に録音した放送教材を聴き、空いた時間に印刷教材を読みながら、通信指導問題などを参考に大切なところをアンダーラインしたり、余白へメモをしていったりという方法を取りました。飽き性の私にはこのやり方があっていたようで、以来、この方法で続けています。ただ、この方法はラジオ科目だといいのですが、テレビ科目はそうはいきません。テレビ科目は月に1、2度、学習センターに通いビデオテープやDVDを視聴しました。今でこそBSやネットで見られますが、自宅だとどうも学習する気持ちになりません。学習センターに行くと学生さんが多く勉強されていますから、自然と勉強しようという気持ちになります。やはり、環境は大事です。

放送授業の中で印象深いのは「日本語表現法」と「死生学入門」でしょうか。日本語表現法は、いわば論文の書き方の初歩の初歩を扱った科目で、通信指導や試験の記述式問題の回答に役立ちました。「AはBである。なぜならばBはCだからである。」を基礎に、論述の仕方、構成の組み立て方などを、わかりやすく講義されています。ずいぶん昔の科目ですが、私の本棚には印刷教材がまだ残っていて、時折開いては復習して文章作成に役立てています。死生学入門は、生と死の在り方を通して、いかに生きるべきか、いかに終わりを迎えるべきかを問いかけられたような科目でした。講義に出演されている講師が既に亡くなられていて、生前にインタビューしたものを講義で扱われている回もあります。まさに、「死してもなお」をどう考えるべきか、深い科目だと感じました。

半年に1回の単位認定試験は毎回、不安との戦いでした。勉強が進んでないから受験しないでおこうかと思うこともたびたびでした。しかし、試験日に学習センターに到着すると皆さん視聴学習室や学生控室、自習室で熱心に勉強されています。試験日独特のピリッとした空気が学習センター全体に漂っているのが分かります。この雰囲気、私は決して嫌いではありません。

むしろ、この雰囲気を味わうために4カ月学習してきたと言ってもいいくらいです。試験に向け、「自分なりに4カ月がんばったじゃないか」と自分を奮い立たせ、試験に挑み続けています。思いのほかいい成績がついた時の喜びは、何物にも代えがたいものがあります。

面接授業は履修が難しく、卒業まで9年半もかかった理由にもなりました。私は土曜日に地域の少年スポーツの指導を行っているため、土日開講の面接授業の履修がしにくいのです。平日の方が履修しやすく、広島学習センターは平日開講の面接授業数が多いので、大変ありがたかったです。

面接授業の楽しみは、なんといっても他県の学習センターへ行くことです。旅行がてら、岡山、山口、島根、香川、京都、岐阜、東京文京の7か所の学習センターにお邪魔しました。授業の中で地元の学生さんと交流したり、授業日の前後に観光地をちょっとでも回ったり、地元の料理やお酒を楽しんだりします。その土地の風を感じることが何より心地よいものです。以前は、8月と2月に「集中型」といって、平日2日間の面接授業が連続して開講される期間がありました。広島での面接授業受講者の中には、昨日はどこそこの授業を受けた、今回受けた後はどこそこのセンターに行くと言われるような、まさに全国行脚されている学生さんもいました。私も、今後も機会を見つけて、少しずつでも他センターの面接授業を受けに行ってみたいと思います。

放送大学で長く学んでいると、周りの友人たちから「何のために勉強しているの?」とか「何か資格を目指しているの?」などと訊かれることがあります。私の場合、「何のためということはない。楽しいから続けている」のように答えます。ですが、なかなか理解されません。知らなかったことが理解できる、知っていることの再確認ができる、新しい知見を得ることができる。だから、勉強が楽しいのです。

放送大学では、学びそのものを楽しめるようになる。だからこそ、リピーター(再入学者)が多いのだと思いますし、これこそ放送大学での学びの本質ではないかと感じています。

【名前】稲垣靖之(いながき・やすゆき)
【年齢】54歳
【職業】公務員
【所属学習センター】広島学習センター
【学生種別】全科履修生(自然と環境コース)
【既卒業コース(年月)】発達と教育(2013年3月)、社会と産業(2015年3月)

2章　学びへの再挑戦

学業中断からの再出発、そして大学院へ

松川淳一

平成14年（2002年）のある日、職場の私の机の上に関係団体を経由して配布された放送大学の入学案内のリーフレットが1通届きました。これが私が放送大学を知る最初のきっかけでした。若い頃、大学を中退し就職、結婚、子育てと平凡な日々の生活を続ける中、途中で止まっていた学びを最後までやり遂げられる可能性が突然与えられたのです。そこで早速、大好きな理科系の旧カリキュラムの「自然の理解コース」に入学し働きながらひたすら単位を取得

し、卒業にまでたどり着くことができました。学習センター所長から頂いた学位記は大学を途中まで進学させてくれた親への恩返しという思いもあり本当にうれしかったものです。

「自然の理解コース」を卒業した私は次なる学びを求めて「産業と技術コース」に入学しました。今度は建設業で働いている自分のスキルアップを求めての入学でした。ちょうど社内で世界標準のＩＳＯ９００１を取得していた時期でもあり業務において役に立つ学びになりました。「産業と技術コース」で学びながら再度、自分の求める学びの方向を考えました。論文を書くスキルも身につけたい。まだ手の届かない大学院もゆくゆくは目指してみたい。そういう気持ちも湧いてきました。そこで、大学院の学習を試しに進めてみようと、学部と並行して大学院選科生となり情報、自然環境関連の科目の単位を取得し始めました。「産業と技術コース」は編入になるので割と早く卒業することができました。

次に考えたのは仕事で使っているコンピューター系のスキルアップです。そのために「情報コース」に再入学しました。そのうち、大学院で必要な放送授業の単位を先に取り終えてしまいました。そこで、大学院進学について本気で検討を始めました。研究題目の調査になると思い、参加した地元の自然科学系の学会の懇親会で、偶然にも若い頃の大学の同級生に出会い大学院への進学の話をすることができました。同級生はすでに修士を取得していたのですが、仕事に関連した研究をするのが社会人大学院生として最も研究がしやすいとアドバイスをしてくれました。このアドバイスもあり自分の仕事の延長で考えられる研究を再度一から考えました。

そして、エクセルやワードという有料のオフィスソフトをやめて、無料のオープンソースのオフィスソフトを使用して仕事はできないだろうか、という問いにたどり着き、放送大学大学院情報学プログラムを目指すことにしました。

大学院への進学と並行して、「卒論・修論研究サークル」を設立しました。小さな学習センターなので公認サークルになる10名の現役学生をセンター内だけで集めるのは大変です。しかし、時代はFacebookなどＳＮＳによってつながる時代になりました。現在、「卒論・修論研究サークル」はFacebookの学友にも呼びかけてサークル員を集め、センターの垣根を越え活動しています。地方の学習センターに所属していても全国の仲間と共に日々学びを重ね、学友を得ることができたことはすばらしい宝物だと思っています。

そして、平成26年（２０１４年）に放送大学大学院情報学プログラムに進学できました。放送大学大学院では加藤浩教授のゼミで指導をしていただきました。大学院での指導はインターネット経由の遠隔ゼミで行われました。毎月一回のゼミで自分の発表と指導教員やゼミの先輩からの質疑が行われました。この指導を大海原の中の灯台の灯火として研究を進めていきました。学部の学習と比べて、自分自身でスケジュール管理やスキルの向上をより計画的に行う必要がありました。「卒論・修論研究サークル」での学友からのアドバイスも大変役に立ちました。

研究を進めるに当たっては、オープンソースの無料オフィスソフトウェアであるLibreOfficeを全社で導入している福岡市農業協同組合に協力を仰ぎ調査をさせていただきました。本社のコンピュータ管理部門にお伺いしてのインタビューや、全国各地で開催されるオープンソース系の発表などを調査しました。その結果、世界各国政府や日本政府、また徳島県庁などの地方公共団体なども積極的にオープンソースソフトウェアの導入を進めている事がわかりました。また、福岡市農業協同組合のLibreOffice導入事例は力量のある推進者がいたからこそ導入できたこと、導入後は人事異動で推進者がいなくなり維持管理が滞っていることがわかりました。現在、私は研究の成果をふまえつつ、LibreOfficeの日本語化やＷｅｂサイトの管理者として積極的に国際的なＮＧＯの活動に関わっています。

最後に、長女がこの秋に放送大学を卒業します、また、妻も放送大学で学び始めました、家族で放送大学の学びを共通の話題にできることは本当に楽しいです。今後も全国の学友と共にさらなる学びを続けていきたいと思います。

【名前】松川淳一（まつかわ・じゅんいち）
【年齢】55歳
【職業】会社員
【所属学習センター】山口学習センター
【学生種別】全科履修生（情報コース）
【既卒業コース（年月）】自然と理解（２００７年９月）、産業と技術（２０１１年９月）
【既修了プログラム（年月）】大学院文化科学研究科修士課程、情報学プログラム（２０１６年３月）

生涯学生

杉本光伸

放送大学徳島学習センターが設置されたのは、１９９8年4月で、学生募集は2学期から開始されました。その第1回入学式に出席しましたので、あれからはや18年の月日が流れました。以来、２０００年３月に60歳で40数年勤めた職場を定年退職し、続いて２００3年までの3年間、縁あって徳島学習センターの事務職員として勤務させていただきました。当初、センターは川内町の不便なところにあり、かつ狭かったため、徳島大学工学部の講義室を借りて移転、アカデミックな雰囲気のもとで数年間を過ごし、建物の新設に伴って現在の場所に移ってきました。従って、本格的に放送大学で勉強し始めたのは２００4年からで（放送大学勤務中は試験を実施する立場にあったので、単位認定試験は受けなかった）、今年から5度目の卒業を目指して、（自然と環境コース）に取り組んでいるところです。

他の人から見れば、「いまさら何の役にも立たないものを、意味わからん」とか「単なる自己満足のためだろう」とか思われているかもしれないが、勉強する、学ぶことを、一生続けていきたいと思っている。どうしてなのか、その理由を改めて考えてみると、漠然とですがおよそ次のような理由があると考えられます。

①どうしても大学を卒業したいという願望、大学で勉強できなかったことへのリベンジを果たしたかったこと。

中学校を卒業した1955年は、高等学校への進学率は約50%で、現在の大学への進学率よりも低かった。経済白書は「もはや戦後ではない」と言い高度成長期の予兆が見え始めていた頃とはいえ、徳島という地方都市の小さな漁師町に住み、余裕のない家庭事情のもとでは、高等学校に入るのもままならず、大学へいくことなどは夢のようなものだったため、「万巻の書を読み、千里の道を行く」ことを求めて、読書には努めてきた。

②知的な生活を送るためには、学び続ける必要があると自分に言い聞かせてきたこと。

公務員として、後輩の育成（OJT）や職業外訓練（Off-JT）など、仕事を遂行するため真面目に勉強してきた。お陰で高度成長期の働き蜂としての充実感は享受できた。また、座右の銘として「盛年重ねて来らず　一日再びあした成り難し　時に臨んでまさに勉励すべし　歳月人を待たず」という、中国の詩人／陶淵明の詩をそのままに受けて努力してきたつもりです。（本当の意味は、若いころは二度と来ないので懸命に遊べと説いている。この点では実行してきたかもしれない。）

③「六十の手習い、晩学成り難し」とも言うが、「老いて学べば、則ち死しても朽ちず」とい

う教訓もあること。飛ぶ鳥、跡を濁さず——みんなに迷惑をかけないこと。

人の生き方は十人十色であるように、人生の終止符の打ち方も色々あるだろうが、ＰＰＫを理想として残る日々を生きていきたい。好きな作家藤沢周平が、随筆で「生きている痕跡をだんだん消しながら、やがてふっと消えるように生涯を終えることができたらしあわせだろうと夢想する。」と言っている。もとより大作家と比較すべきもないが、そうなるためにはどうすれば良いのか、学ぶべきことは山ほどあるだろう。


放送大学は誰にでも開かれた生涯学習を目的として、国の方針によって設立された大学であり、費用面はもとより、便利さでもＰＣやＢＳ放送などで容易に勉強できるという利点を備えている。もっとも仕事や家庭をもっている人には両立が難しいのは事実だが、徳島学習センターで勤めた経験から振り返ってみると、じっくりと焦らず取り組めば、必ず所期の意志は貫徹できると確信している。徳島学習センターの設立時から学び続けている人が数多くいることは、放送大学の魅力を証明しているのではなかろうか。特筆すべき事実であり「放送大学中毒というか学ぶことが麻薬の様な存在」になっているのかもしれない。

最先端の学問を学び、メディアでも名の知られた講師から授業を受けられることは放送大学生の特権であろう。単位認定試験を受けるのも、高校時代に帰って青春時代を思い出す糧ともなり、私にとっては若さを保つ秘訣にもなっている。

資源を持たない日本の発展に欠くことができないのが、人材の養成であることは言を待たない。ますますグローバル化する国際社会にあって、我が母校放送大学が、生涯学習の高等教育機関として、教養人の養成に積極的に寄与し牽引して、ますます発展することを願って止みません。

【名前】杉本光伸（すぎもと・みつのぶ）
【年齢】77歳
【職業】無職（定年退職者）
【所属学習センター】徳島学習センター
【学生種別】全科履修生（自然と環境コース）
【既卒業コース（年月）】生活と福祉（2008年3月）、人間と文化（2012年3月）、社会と産業（2014年3月）、心理と教育（2016年3月）

知は力、学ぶことは生きること

山本良一

放送大学に最初に入学したのは２００４年の４月でもう13年目になりました。会社を定年退職し関係会社で働いていた時に新聞とインターネットで放送大学を知り生涯学習として興味がわきました。

子どもの頃には大学に行きたくて仕方なかったのですが、家庭の事情が許さずまず就職先のことを考えて工業高校の電気科を選択して電力会社に勤務しましたが、長年学歴劣等感の塊でした。もともと文学や哲学に興味があったので放送大学は人間の探求コースに入学して勉強を開始しました。

当時は仕事をしていましたので忙しい日もありましたが、学べることの嬉しさで興味のある科目に次々と挑戦し、頑張って勉強をしていました。単位認定試験の直前に仕事が忙しかったりするとちょっとだけ苦しく感じたこともありましたが、それよりも学ぶ楽しさが勝っていたと思います。

そのようなことで興味の沸く科目を次々と受講していましたら、いつの間にか４年になり卒業要件を満たしてしまいました。嬉しいやら、もう少しゆっくり学んでも良かったかなと複雑な思いでしたが、さてこの後どうしようかと悩みでもありました。

放送大学には元の会社の多くの先輩も学んでいまして、しかも有名国立大学出身、役員経験者等で、そのことも驚きでしたが、考えてみると良い上司に恵まれていたなと思います。その中でも最年長で直属の上司だった方から修士課程で哲学の論文を書いたが見るかねとのお話をいただき、Ａ４で１００ページもの論文ですがその量の多さに驚くとともに内容がまったく理解できなくってショックを受け、自分自身の能力の低さを自覚するばかりでした。

そのようなことがあってもう放送大学はやめようかな、などと考えるようになっていましたが、この大先輩からは君は仕事でも色々なことに広く係ってきたし、この先の生涯学習は好きなこと広く学ぶ、それもいいじゃないの、と云って下さり、そうですねとご意見に素直に従って再入学を決意しました。

当時は裁判員制度のことで多くの話題の時でしたので法律にも興味があって社会と経済のコースに進むこととしました。しかし、次第に孫が成長しますので少し「心理と教育」も勉強しよう、母の介護も必要になってきたので生活と福祉も勉強しようと、またまた欲張っての勉強になります。今必要なことは今勉強をしなくてはと思ってのことでした。孫は大きくなるとそれぞれの世界が出来あまり役に立てなかったかも知れませんが、母の介護は次第に手がかかるようになり、ここで学んでことが大いに役立ったと思います。結果として順次卒業となり、今現在は情報のコースで学んでいます。

放送大学で学んだ科目の中に「循環器病の健康科学」があります。この科目を学ぼうと思った動機に、自分自身の狭心症の経験があります。実は20年近くも前に冠動脈疾患で心臓のバイパス手術をいたしました、当時は大手術で良く助かったものだとお医者様には感謝です。しかし、6年前にカテーテルの検査でまた別の冠動脈の血管の詰まりが解りステントを挿入しました。そこでこの科目を取って勉強をしました。病院からは手術の画像データをCDで戴き自分自身の冠動脈の状態も確認しています。放送大学で学んだことと自身の経験から心臓冠動脈の周辺はある程度のことは解っているように思います。

ある程度の年齢を重ねますと多くの人の血管は詰まってきます、狭心症になる人も多くいます、何人かの友人から狭心症に関する相談を受けました、最初に心臓の病気と知らされると皆さんかなり落ち込むようです。もうゴルフもテニスも出来ないなどと嘆きますが、その様なことはない、大丈夫出来ますよと経験や放送大学で学んだことの話をしています。当方のアドバイスで気持ち的に少しでもお元気になられたとしたらとても嬉しいことです。

放送大学では最新の知識が学べること、そしてそこで学んだ多くの知見は色々な場面で役立つと思います。子供たちの教育にも役立ったかもしれないですし、仕事のことで考えてみますと、企画、組織、安全、健康管理など、多くの活用方法があったように感じ、もう少し早く学んでいたらと、残念な想いでいっぱいです。放送大学は入学試験もなく誰でも学べる開かれた大学、生きること学ぶことの楽しさを教えてくれるところと思います。後輩などの若い人には自分自身の経験から自信をもって放送大学で学ぶことを勧めています。

この後は情報コースと、自然と環境のコースを勉強し、グランドスラムを目指して頑張ります。

【名前】山本良一（やまもと・りょういち）
【年齢】74歳
【職業】元・電力会社職員
【所属学習センター】高知学習センター
【学生種別】全科履修生（情報コース）
【既卒業コース（年月）】人間の探求（2008年3月）、社会と経済（2012年3月）、心理と教育（2014年3月）、生活と福祉（2016年3月）

学び続ける

宮地豊二

放送大学に入学して今年2016年10月で15年になりました。15年間も学び続けるとは夢にも思いませんでした。私が放送大学を知ったのは昭和60年（1985年）春でした。当時、NHKのテレビニュースで「放送大学が開校し、ラジオ・テレビの放送を利用して授業を行う大学で、当面関東地区の学生を受け入れ順次全国に広めていく」という内容だったと記憶しています。私は40数年前、某大学の通信課程に入学して1年余りで挫折して中退していたので、入学できるのであればもう一度大学卒業を目指そうかなと思いました。しかし、学生募集が当面関東地区のみ、テレビ、ラジオも当時地上波のみで、香川で放送大学に入学できるのはいつのことか分からないと思い、放送大学のことはすっかり忘れていました。

平成9年、頭の中に腫瘍が出来ているのが見つかり摘出手術を受けました。腫瘍ができている場所が左の聴神経と顔面神経のところにできており、摘出と同時に左の聴神経も切断されてしまい左耳が全く聞こえなくなってしまいました。平成11年には腰が痛く苦痛になり、病院へ行くと脊柱管狭窄症との診断、また手術を受けることになりました。平成13年には健康状態も大分良くなり、何とか今までの仕事を続ける自信がつくと、資格試験には合格したけど何か基礎的なことが分かっていないと感じ、継続して学びたい気持ちになりました。町の広報誌を見ていると最後のページ一面に「放送大学学生募集」という記事が載っており、〝これだ〟とすぐに大学のホームページから入学案内書を送ってもらいました。

こうして放送大学を知ってから16年、平成13年2学期に選科履修生として入学することができました。香川学習センターから入学式の案内が届き、入学式に出席してみると周りは皆、頭の良さそうでちょっと近寄り難い感じの人が多いなと感じ、入学式に出席できて嬉しいというより大変な所に来てしまったなという思いを強くもちました。入学式でセンターの利用方法について職員の方から説明を受け、昼から新入生と在学生の交流会があったのですが気後れがして参加せずに帰ってしまいました。学習の方は何とか順調に進めることができました。日曜日になると学習センターに通って朝から夕方までビデオを見たりカセットを聴いたりして理解を深めていきました。学習センターの立地条件は素晴らしく、香川大学のキャンパス内にある研究交流棟の7・8階にあり、学習室からの眺めは良く、南側は紫雲山、峰山、北側には瀬戸内海、女木島などが見え、島々の間をフェリー、漁船などが行き交い、天気が良くて空気が澄んでいると中国地方の山々も良く見えます。山々が四季それぞれに変化し、高松市内の街並みも一望でき、学習で疲れた目や体を癒やすことができます。香川大学の図書館、学生食堂も利用でき、通信制なのに通学制の大学と勘違いするほど環境と設備が整っています。

平成13年も12月になり、学習センターと学生団体「ほうゆう会」が主催する忘年会が大学の学生食堂で行われると教えてもらいました。いつも、学習センターへ行っても特別親しい人もおらずこの機会に友人ができるのではないかと期待して参加することにしました。自己紹介が終わって、お酒の好きそうな先輩からいろいろな話を聞き、「ほうゆう会」では、いろいろな行事やサークル活動を行っていることを知りました。入会を勧められ、その場で会員になることを決めました。

年が明けて初めての単位認定試験。結果は3科目受験して2科目が「A」、1科目が「D」で、1科目落としてしまいました。しかし、来学期も学籍があれば再受験が可能とのこと。来学期は絶対合格点を取るぞと心に誓いました。会社を土日以外に休むのは無理なので土、日曜日に単位認定試験がある科目を選び科目登録をしました。それから14年度1学期の入学式、学生交流会、総会の後の花見会、夏のビアパーティ、単位認定試験とあっという間に14年度2学期になり、今度は全科履修生として再入学し、「生活と福祉」を専攻し5年かかって卒業することができました。これまで挫折せずに学習できたのは多くの友人に恵まれ、共に学び、酒を酌み交わし、いろいろお世話いただいた「ほうゆう会」の皆さんのおかげだと思っております。その後、入学と卒業を繰り返し、「生活と福祉」「心理と教育」「人間と文化」「自然と環境」の各コースを終え、現在は「社会と産業」コースに在学中、来年の3月には卒業します。

ここで15年間挫折せずに学び続けることができた「ほうゆう会」について紹介しておきます。

現在の会員数は200名弱、年会費1000円で会報の発行（年2回）、入学式での学生交流会、ビアパーティ、忘年会、サークル活動、学習センターの行事の補助等で、特にサークル活動は中国語、韓国語、英会話、パソコン、環境文化、クラシック音楽、交流、日本画、茶の湯、日本近代史研究、論語を親しむ、以上の11サークルが活発に活動を続けています。

「人生一生勉強だ」と言われています。意味は違うかも知れませんが放送大学での学び、ほうゆう会での活動を、体力、気力がある限り続けたいと思っています。

【名前】宮地豊二（みやじ・とよじ）
【年齢】68歳
【所属学習センター】香川学習センター
【学生種別】全科履修生（社会と産業コース）
【既卒業コース（年月）】生活と福祉（2008年3月）、心理と教育（2011年3月）、人間と文化（2013年3月）、自然と環境（2015年3月）

学びの勢いとタイミング

加幡秀樹

私は教養学部心理と教育コースに所属し、全科履修生として現在3年間通わせていただいている51歳の学生です。10年間在学猶予があるので自分のペースで通えるのも気に入っております。高卒後、家業の都合で進学を断念。しかし年齢を増すごとに人生勉強が面白くなり喜怒哀楽、七転八起を経験するたびに「学びの重要性」を自ら感じ調べていた所、放送大学にたどり着きました。

当初は一般入試でチャレンジするつもりでしたが本格始動したのが6月。この大学のすごい所は年に2回入試なしで入学し入学金も授業料も他校に比べて安い所で、奨学制度もありますが難民は生まれないと思います。なぜならば通信制なので、私のように仕事を持ちながら学べるからです。そして深夜でもインターネット配信で集中して学べる所も感動の連続です。

少し不安だったのは年2回ある単位認定試験。図書室には過去問もありますが、2つ前までインターネットで検索でき、印刷も出来ます。たとえ取得できなくても1回のみ、次の学期に再チャレンジできるのも良いシステムだと思います。

もう１つ気に入っている所は、学習センターの職員の笑顔と丁寧な対応ぶりです。何かあったら必ず誰かいますから電話かメールで問い合わせてみてください。私も最後の決め手は、直接センターに相談する予約を取り、親身になって聞いてもらい、安心して通えると確信した瞬間でした。

あと面接授業では隣に座った人が偶然同郷の方で、初めて会ったにも関わらず共通の名前も飛び交い、意気投合したり、素晴らしい先生方の授業を生で聞き、そして学び質問も出来、時にはボランティアでともに活動した先生もいたりと、人々の縁を実感し、つながりを大事にしたいと常に思っております。その中で、この大学は、老若男女様々で特に人生の先輩から休憩中や談話室の中で、教科にない教えを沢山得る事ができます。

そこで私は、入学の集いで「にぎたつ会」という学友会を知り、尊敬できる方々に揉まれながら役員としても職員の方々とともに学生サポートをしており、毎日が楽しく、水を得た魚のように動き回っております。

このように私は放送大学と結婚したようなもので新婚は通り過ぎましたが、皆と一緒に学び、触れ合い、語り合って、成長していく覚悟を決めた！　と言っても過言ではありません。

こんなに素晴らしい放送大学をみんなに知ってほしいです。通うのは自由です。知って選択肢を増やしてほしいのです。今や仕事上も学んだ心理学を応用し、接客や集客に実用出来て、その上を目指す扉も開いております。

人生は、ふとしたきっかけで変化することが多々あります。そこで必要なことは行動することです。宝くじでも買わないと当たらないように、放送大学に少しでも興味を持てばまず学習センターに聞いて確かめ、談話室で談笑し、半分でも良いと思ったら行動するのです。迷っている暇はありません。勢いとタイミングが必要です。さあ、重い腰を上げて動かないと結果は出ません。自信をもって、後ろから押してあげます。私と一緒に「シアワセ探し」しませんか？

誰と出会うかは、自分次第。可能性は無限です。動けば動くほど人の支えが実感できます。行動あるのみです。後悔しない人生を共に送りましょう！

【名前】加幡秀樹（かばた・ひでき）
【年齢】51歳
【職業】自営業
【所属学習センター】愛媛学習センター
【学生種別】全科履修生（心理と教育コース）

3章　資格ステップアップ

看護学学士をめざして

十亀亜都美

私は高校の衛生看護科を卒業後、看護専門学校で2年間学び看護婦（当時は看護婦と呼ばれていました）の国家試験に合格し20歳から総合病院で働いていました。幼い頃から看護婦になりたいと思っていた私は、最短でその職に就ける道を選択していました。総合病院で9年間勤務した後に青年海外協力隊としてフィリピンで2年間地域医療活動に携わり、帰国後は病院、訪問看護、東日本大震災後の復興支援員として岩手県釜石市で働かせて頂きました。フィリピンの活動の中で何より思い知らされたのは、教育の大切さでした。そして、復興支援員として仮設住宅の住民を対象にした事業に関わらせて頂く中で、自分の知識の無さを実感すると共にこころのケアに興味を持ちはじめました。

同僚の勧めもあり、入学試験も無く、志があれば入学できる放送大学に入学することに決めました。フィリピンで知った教育の大切さ、釜石で重要と感じたこころのケア、放送大学の「心理と教育コース」は、この二点を網羅するもので、コース選択に迷いはありませんでした。ただ、専門学校卒の私は、大学のシステム等分からないことばかりで、入学前から何度も放送大学に電話し、相談させて頂き、大学入学の準備を行いました。看護専門学校の単位が認められ、3年次編入で「心理と教育コース」で学ぶことになりました。しかし、大学で学ぶということ、単位を取るという経験の無かった私は、学ぶ時間の確保が必要だと考え、夜勤専属で働くことにきめました。夜勤専属看護師は、夜勤のみを行う勤務スタイルで、日勤も夜勤も行う通常のスタイルよりも休日や日中の時間を学習の時間にあてることができると考えたのです。このように夜勤専属で働きながら、2年間で、放送大学教養学部の学士、看護学学士、認定心理士の取得を目指して30代後半での大学生生活が始まりました。

学生証を手にし、大学生になった実感が湧きましたが、放送授業の受講時に他の学生が傍にいて共に学ぶ訳ではなく、いつも一人で受講することに孤独さも感じました。しかし、ラジオやテレビの向こうから聞こえてくる講師の先生方の授業は、知りたいと思う自分の感性を刺激し、授業に惹きこまれ、孤独さも忘れるものでした。現役の学生時代には正直勉強したいと思うことは無く、授業中に居眠りすることもしばしばありましたが、社会人になった自分には学びたいと思う気持ちが自然と湧いてくるのを感じ、進んで学ぶ私に自分自身が驚く程でした。勤務が不規則なこともあり、放送授業は主にパソコンやスマートフォンで受講し、通勤の移動中も放送授業の受講にあてています。インターネットでの授業は、分からないところもすぐに戻って繰り返し受講することが可能で、場所や時間も選ばない為非常に重宝しています。面接授業は、いつもは見えないところで同じように学ぶ他の学生さんと出会うことができる場所で、初めて面接授業に行った時には、学生同士、顔を合わせることができたことが嬉しかったことを覚えています。学生の学ぶ目的やスタイルは様々ですが、学生同士の交流は学びの刺激となりました。「心理と教育コース」の面接授業でのカウンセリング技術等の実習は、日常生活や、保健医療の現場で活用できるものであり、非常に有意義な時間でした。単位認定試験は、マークシートや記述式で解答するものですが、試験と名のつくものを受けるのは専門学校の学生以来で、テスト期間中は徹夜で寝不足が続きましたが、試験に合格し、単位を取得する事は素直に嬉しく、大学卒業への期待が膨らむものでした。

入学当初は、卒業が一つの目標でありましたが、日々学習する中で自分の知らなさを実感すると共に知らないことを知る楽しさを感じるようになりました。入学後２年で放送大学教養学部の学士取得と、認定心理士資格取得の為の単位を取得しましたが、看護学学士の取得には至りませんでした。今年度からは「生活と福祉コース」に再入学し、看護学学士の取得を目指して卒業研究に挑戦したいと考えています。放送大学での学びの楽しさ、授業の面白さなどを周囲に話をするうち、私の友人も放送大学に興味を持ち、今年度、放送大学に入学することになりました。身近に学友がいることは心強く、喜ばしい限りです。

幼い頃になりたかった看護婦は2001年より看護師と名称変更となり、より高い専門性を求められる職種として変化しています。看護師の私は看護に関する知識と技術はもっていても、それ以外の分野については知らない事ばかりです。放送大学は〝学びたい〟を叶えてくれる場所であり、人としての深みを与えてくれます。周りからは何を目指しているの？　とか、何故大学へ行っているの？　と聞かれますが、大学へ行くことが目的なのではなく、生きている限り、人として学びは必要であり、その場所が放送大学なのだと思います。

【名前】十亀亜都美（そがめ・あづみ）
【年齢】39歳
【所属学習センター】愛媛学習センター
【学生種別】全科履修生（生活と福祉コース）
【既卒業コース（年月）】心理と教育（2016年3月）

私が学び続ける理由

門脇ちおり

私は、医療短大看護学科を卒業後、看護師として開業医院を経て県立の軽費老人ホームに勤務しました。看護師としての経験があまりないまま定年を向かえるのだろうと思っていました。

しかし、指定管理者制度により官から民への社会の変化を受け、老人ホームが外郭団体から民間経営になったため、24年間勤務した老人ホームを辞め、看護師としての経験を積もうと急性期の大学病院に48歳で転職しました。脳外科・耳鼻咽喉科の混合病棟に配属され一から勉強しました。その部署の採用者8人の看護師の内、大学新卒は5人でした。新卒者でも大学卒となるとアセスメント能力が高くて、教えてもらうことが多く、私にとっては2年間という短い期間でしたが貴重な経験でした。

その後リハビリ病院に転職し、通所リハビリテーションに配属されました。その病院の看護部長のすすめにより看護管理者のファーストレベルを受講しました。それをきっかけに、看護師として働く限り、今まで以上に勉強する必要があると実感しました。

その頃から、施設や病院で放送大学の黄色い分厚い封筒が置いてあるのが目に留まるようになりました。そこには、放送大学で看護の勉強ができることが記してありました。もう少し具体的に知ろうと思い、『短大・専門学校卒ナースが簡単に看護大学卒になれる本』を参考にし、先輩の方々がどのようにして学位を取得されたのかを調べました。

そこには、放送大学はどの大学よりも入学金、授業料が安価なことや、衛星放送やインターネットでも授業が受けられ、自分に合わせた勉強が組めることなどが記してありました。また、単位取得のみならば選科履修生で31単位を取得した後に大学評価・学位授与機構でレポート提出し、試験を受けて合格すれば看護学の学士学位が取得できることや、放送大学の3年生に編入学し62単位を取得して卒業し教養学士の学位を取得したうえで看護学士の学位を取得していくこともできることを知りました。その結果、看護の勉強ができた上に、履歴書に最終学歴は放送大学卒業、資格は大学評価・学位授与機構にて看護学の学士学位取得と書けることを知りました。大卒と同じになるわけです。

仕事と並行して勉強するため、無理をせず何年かかってもと思いましたが、残された看護師人生を思うとそうはいきません。3年計画を立てました。2年半で62単位を取得して放送大学を卒業し、あとの半年で、大学評価・学位授与機構に提出するレポートの作成と試験に充てる計画です。多忙な仕事の合間を縫って準備をすすめました。２０１２年4月に放送大学に入学。島根学習センターに在籍し、予定通り２０１４年9月に卒業し教養学士の学位を取得。２０１５年2月に看護学士の学位を取得することができました。

その効果は、看護師としての経験のなさを知識で補うことができたこと、それにより患者さんや利用者さんにわかりやすく説明することができ、放送大学で得た知識を還元できる自分になったことです。それに付随して、勉強する私の姿を見て周囲の人たちが向上心を持ち、各々の資格に挑戦したことです。介護員として働く人は介護福祉士を取得し、介護支援専門員の資格を取得した人もいました。ある同僚から、「私の影響を受けて資格を取得することができた。」と言われたときは、自分ばかりではなく周囲の人たちに貢献できたとうれしく思いました。そして、放送大学の面接授業を受け、知識が広がったことがなによりもうれしいことでした。

放送大学は、47都道府県に学習センターがあり、どこでも好きな場所で面接授業を受けることができます。講師は一流の先生方で、看護学のことばかりではなく、いろいろな科目を直接聴講でき視野が広がりました。特に、専門科目「人間と文化」の面接授業「中国出土資料が語る漢字の歴史」で、漢字に限らず文字の起源は事物の形をかたどった絵文字であり今後も解明がどんどんすすむ、ということを学んだときは、自分が悠久の大地に立ったような気持になり感動しました。また、卒業旅行の代わりにと思い、放送大学島根学習センター学友会主催の研修旅行に参加して岡山県の「特別史跡旧閑谷学校」に行きました。昔の人たちの暮らしがあって今の私たちが存在することを感慨深く思い出します。私は子供の頃、読書はつまらないと思い、読書が苦手でした。今から思えば興味のある本に巡り会わなかっただけのことのように思います。放送大学で学んだことで人間としてすこしでも成長することができたように思います。

現在は大学院の選科に席を置き、少しずつ知識を吸収している毎日を送っています。今後も看護師として仕事をしていく限りは、放送大学で少しずつ、無理をせず学んでいき、社会に貢献できるように努力します。

【名前】門脇ちおり（かどわき・ちおり）
【年齢】57歳
【所属学習センター】島根学習センター
【学生種別】大学院修士課程選科履修生
【既卒業コース（年月）】生活と福祉（2014年9月）

学んだことを社会に生かす

小西光子

私は今、第二の人生として行政書士という職業を選び、歩んでいます。病院で検査技師として39年働いた後だったので、畑違いとの印象を与えるようで「なぜ？」とよく聞かれます。その時私は「法律が仕事に必要だと思ったので学んでいたら、こうなった！」と答えています。輸血は、検査の中でも人の命が即かかってくる部門です。間違いは許されませんし、血液に対する管理も問題になってきます。ＰＬ法が血液の製品に適用された時など「えっ！」と思いました。

２００５年に「血液新法」ができ、病院の責務などといった言葉が出てきた時など背筋が寒くなったものです。

しかし法律に興味を持ってみてみると、輸血がらみの裁判例も多いし、まんざら関係なしという分野ではないことが分かりました。そこで「法律を学ぼう」と思いました。では医療系の私は、法律の勉強をどこでしたのか？　これもよく尋ねられます。そんなとき、「放送大学で基礎から勉強した」（社会と経済コース）と答えています。憲法、民法、刑法など本当に法律の基礎を一から学びました。一流の先生たちが講義をしてくれるのは驚きでした。「物権」「債権」の考え方の違いから学ぶことが出来ました。

実を云うと、その時は司法試験を受けようと思って勉強していました。目標を高く持って学ぶ、この精神で頑張っていました。3回挑戦して少しずつですが成績が上がっていました。ところが、新司法試験に移行するとのことで時間的余裕がないことが分かりました。ロースクールに行くことはできないので諦めることにしました。

次に何をしようか。毎日勉強時間を取っていた私は、時間を持て余すことになりました。そうだ違う試験を受けよう！　と考えたとき司法試験で、刑法がどうしても点が伸びなかったのを思い出しました。いろいろな資格試験をみていたら、行政書士試験には刑法はないというのを見つけのです。これにしよう！　と行政書士に決めたというのが本当の話です。でもそのおかげで、第二の人生に目標ができました。行政書士になって「高齢者支援をしよう」と思い立ちました。「相続・遺言」の勉強をし、「無料相談会」などを通じて高齢者支援ができればと暗中模索しながら今頑張っています。

私はまた去年の秋から放送大学で「生活と福祉コース」の学生として学び始めました。手始めに「睡眠と健康」「健康と社会」などの授業を取っています。薬関係の勉強も放送大学で受講しています。やっぱり健康関係、医療関係の勉強は楽しいです。知っていると思っていたことが知らないことばかり、単語や体の中のいろいろなサイクルなど難しいことばかり。とにかく知らないことが多すぎます。顔の皺は年々増加していますが、脳の皺はそうではないらしく、もともと暗記が苦手な私は読んだ後から後から忘れてゆくしまつです。嫌なこともこんな風に忘れられたらいいのですが……。とにかく脳の皺に擦り込むように毎日頑張っているのが現状です。

ここで「学んだこと」を社会に生かすと題にしたのは、学ぶことに付加価値をつけようと思ったからです。確かに知らないことを学ぶのは楽しいですが、それだけではつまらないと思います。社会に生かそうと思えば学ぶ姿勢が変わってきます。積極性が加わってくると思うからです。実際私は、第1回目で学んだ法律を生かし行政書士になりました。第2回目に今学んでいる「生活と福祉コース」の勉学を社会に生かす手段として「健康食品管理士」の資格を取得しようとしています。実は、退職して時間的に余裕が出来た私は、包括支援センターや居宅支援センターの依頼で、行政書士の仕事の傍ら、介護教室の講師をしています。病院時代から活動していた健康食品管理士としての勉強会がそれに繋がったようです。勤めがあったときは夕方や休日にしか勉強会を開催することが出来なかったのですが、今は午前中にある「介護教室」に参加することが出来ます。介護支援を受けている方や、ご家族のために「健康食品の被害」や「薬と健康食品の相互作用」について正しい情報を提供するよう頑張っています。熱心に聞いてくれる高齢者の方たちにこちらが励まされることが多い気がします。1回2～30人の参加で地域の公民館で開催していますが、なるべく話が重複しないよう、また、興味の持てる話をするよう毎回話の内容に苦労しています。

そんなとき、今学んでいる睡眠について話すことが出来ました。食べることも大切ですが、睡眠も大切だということ。睡眠不足と糖尿病との関係などは聞く人に興味をもってもらえました。病院で漠然と知っていたことが講義で整然と分かることになったので、この話をすることが出来ました。

「へー、そうなの！」と目を輝かせて聞いてくれたときはうれしかったです。今後も人に何か役に立つこと、「学んだこと」が生かせる、この楽しさを追求していきたいと思っています。まだまだ学びに拍車をかけて、脳細胞の皺に知識を擦り込まなければならないようです。

【名前】小西光子（こにし・みつこ）
【年齢】64歳
【職業】行政書士
【所属学習センター】愛媛学習センター
【学生種別】全科履修生（生活と福祉コース）
【既卒業コース（年月）】社会と経済（2005年9月）

大学教員を目指す

坂東史郎

病気になったら病院に行く。その時、病院ではお医者さんに診察してもらい、尿や採血をした血液などで検査が行われます。その検査を行っている職種を臨床検査技師といいます。臨床検査技師は、患者さんの病気が早く治ることを願って、少しでも早く検査結果を提供する重要な役割を担っています。しかし、日頃は患者さんの目につかない場所で仕事をしていることが多いため、あまり知られていません。

私も、臨床検査技師として愛媛大学医学部附属病院で仕事をしていました。臨床検査も日々進歩しているため、常に新しい検査方法や知識を勉強し、また新人や学生の教育にも力を注いでいました。臨床検査技師の教育は、法律により3年以上の臨床検査技師養成所、短期大学、または大学となっていますが、『技師教育は技師の手で』をモットーに日常の検査に従事してきました。そんな折、愛媛県立医療技術短期大学から教員へのお誘いがありました。ところが、私が卒業した臨床検査技師養成所では大学の教員資格がありません。その時、上司から放送大学への入学を進められました。我々の職能団体である一般社団法人日本臨床衛生検査技師会(日臨技）も、学歴の重要性を広めるうえで放送大学への入学を進めていたことと、その年私の同僚が放送大学を卒業したので、入学を決意しました。

まず、私は4年間で卒業することを目標に立てました。どのような科目を選択し、どんな試験があるのかなどの不安を抱きつつ5科目を選択しました。勉強の仕方は、上司や同僚に聞いて理解しましたが、大学病院と愛媛学習センターは車で約1時間かかるため、仕事が終わってからでは愛媛学習センターの終了時間ぎりぎりで、カセットテープをやっと借りられる状態でした。土日は愛媛学習センターまで行って視聴学習室で勉強となりますが、当時は学会や技師会活動の仕事が土日に入っており、思うほど通えなかった記憶があります。その頃、我が家では衛星放送アンテナを購入しました。ついでにスカパーの補助器を取り付け、無料の放送大学の授業のみを見ましたが、夜中の番組が多かったため録画用のテープを沢山購入しました。録画を見ると、全く写っていないテレビから音声だけが聞こえて来る授業もあり、何も写っていないテレビを見ながら聞いていました。味気ない！

1学期は手探り状態で、なんとか通信指導、単位認定試験も無事にこなし、2学期からは少しずつ科目を増やしていきました。2年目に入って、卒業には20単位以上が必要な面接授業の話が出たときに、ほとんど取れていないことに気づきました。土日開催の専門科目の面接授業が愛媛学習センターは少なかったためでしたが、改めて確認してみると専門科目以外でも受講と単位取得ができることを知り、急遽、多くの面接授業を受講することとしました。仕事と面接授業で土日はほとんどつぶれてしまい、家庭サービスは全くできない状態でしたが、興味ある科目があれば、高知、徳島の学習センターにも足を伸ばしました。残念ながら、香川学習センターは他のセンターとの重複や仕事と重なることが多くて、受講できなかったのですが、各県の学習センターでの授業は楽しく、また宿泊もしていたので、その地の美味しいものを食べあさりました。今でも懐かしく思い出されます。また、愛媛学習センターでの面接授業では、かつて病院でご指導いただいた先生方が講師となられており、とても懐かしく楽しい授業時間を過ごすことができました。何回も不可を貰い、諦めた科目もありましたが、最初の目標通り4年間で無事卒業し、学士の資格を得ることができました。

大学病院の定年退職と同時に愛媛県立医療技術大学の教員公募があったのは、放送大学の卒業から2年後でした。必要書類をそろえて提出し無事合格することができました。それから5年間、臨床検査技師を目指して入学してきた学生たちに、教鞭と実務経験を活かした実習など多くの指導ができ、技師教育でも充実した日々を送ることができました。今も多くの卒業生たちとの交流があり、彼らが話してくれる職場での活躍に目を細めている状態です。なお、私の後を継いで頂いた先生も、放送大学を卒業しておられます。

臨床検査技師の教育は徐々に大学に移行し、最近では大学院（修士課程）の設置も増えてきています。当然、大学や大学院を卒業したものが技師教育に携わることが理想ですが、臨床検査技師養成所や短期大学卒では大学の教員となることはできません。放送大学は学士、修士を取得するための手段でもあり、また、仕事をしながら学習できるというメリットもあります。日臨技でも、医療現場における臨床検査の重要性を鑑み、常に医療人として博識を付けたり学士、修士、博士の取得を目指すなどの生涯教育の一環として、放送大学も位置づけられています。

放送大学との出会いが、私の人生をより充実したものにしてくれました。私の体験談が同じような思いを持っている方に少しでもお役に立てればと願っています。

【名前】坂東史郎（ばんどう・しろう）
【年齢】67歳
【職業】愛媛大学医学部附属病院検査部（臨床検査技師）、愛媛県立医療技術大学講師
【所属学習センター】愛媛学習センター
【既卒業コース（年月）】自然の理解（2008年3月）

学芸員資格取得と観光ボランティアガイド

曽我古世

私にとって学芸員資格をとる上で非常に参考になったのが放送大学の科目群履修認証制度「エキスパート」です。この中の「歴史系博物館プラン」を見ていて、今までに取得した科目が結構あることに気づきました。あとは必須の科目を学習すれば学芸員資格に繋がります。卒業までの学習の方向付けに大変役に立ちました。人は年齢に関係なく学ぶことで変われますが、私も多様な科目を幅広く学ぶことによって少しずつ変化してゆく自分に気づくようになりました。

外国の政治や文化の歴史も併せて勉強していくと、日本と外国との関係が良く理解でき興味深かったです。幕末、その頃の欧州、米国、中国では何が起きていたか考えるだけで楽しかったです。歴史以外にも「食と健康」「かしこくなる患者学」などにも関心があり受講しました。歴史とは関係ないようですが、学んでいると日常の健康維持に役立ちます。多様な科目をとれるところが放送大学のいいところです。

これからは学芸員の資格を活かしたいと思っています。ボランティアで博物館の収蔵庫の資料整理・調書作成などのお手伝いができればと思っています。

私達のような世代が、自分の身の回りで起きる日常の些細な出来事に関心を持ち、生涯学習に目を向ければ、私たちの社会が豊かに住みよい社会になっていくと思います。定年後を苦虫噛みつぶして生きるより、笑顔で楽しく生きる。放送大学はそれに気づかせてくれた場所です。ボランティアとは「何かを志す」という意味の言葉です。受け身ではなく目標をもって前向きにスタートするために適していたのが資格取得の学習でした。自分は何に興味があるのか、どんな勉強をしてきたのか、資格取得は仕事をするかしないかに関わらず自分がやってきたことの証明だと思います。地域社会に参画していれば資格はいずれ活かされる日がくると思います。

私はもともと神戸の出身で、定年後家内の実家の高知に来ました。5年前のことです。放送大学に入学したのは2008年の4月でした。入学のきっかけは家でゴロゴロしていた私を見かねた家内が、放送大学のチラシを持ってきて「ここにでも行ってきたら」と勧めてくれたことです。あまり気のりはしなかったのですが、どんな大学か見てみようと思いました。学習センターで職員の紀ノ國さんの説明を聞いた後、明確な目的意識もなく何となく入学しました。そのような入学でしたので入学当時は「発達と教育」を専攻し勉強していても面白くありませんでした。試験も放送授業は見ずにテキストだけを読んで受験しに行く始末でした。

そんな私が、面接授業「日本の政治」を受講して考えが変わりました。すばらしい授業でした。講義をただ聴くだけでなく学生も発言したくなるような授業でした。それ以来受け身の学習ではいけないと考えるようになりました。その講義で「勉強して自分だけが満足するのであれば、単なる物知りで終わる。何かを学んだら、それを外部に発信することが大事だ」と教わりました。それ以来面接授業に積極的に出るようになりましたし、石川先生はじめ他のいくつかセミナーにも参加するようになりました。

石川先生のセミナーがすばらしいと思ったのは、先生がご自分で作った作品を教室に持ってきて、学生に触らせることでした。実際に金属造形の鍛金を指導してくれました。その時、下手ながら物を作ることというのはこういうことなのかと実感できました。博物館では資料となっている作品から作り手の思いや生活様式まで伺い知ることができます。セミナー参加以降、博物館で資料を見ても、時代背景や作った人の事等を考えるようになりました。自分だけが楽しむのではなく、歴史的に価値ある資料を後世に伝えていく重要性に気づき、それが学芸員資格取得のきっかけになりました。

２０１０年ＮＨＫ大河ドラマ「龍馬伝」の放映に合せて観光客の増加を見越し観光ガイドを募集した２００９年の秋、土佐観光ボランティア協会主催の新人研修に参加しました。10月から12月まで主要な県内の観光地を見学し観光案内に必要な基礎知識を勉強しました。翌年１月から2月にかけて実地訓練、3月からガイドとしてデビューしました。ガイドの仕事は観光客に高知の良さを知って頂くため史跡や名所での案内だけでなく、本県名産品や人気スポット、イベント情報やバス電車の乗り場、時間まで把握しなければなりません。きめ細かい「おもてなしの心」が必要です。

このような経験は博物館内で実習したギャラリー・トークの訓練にも役立ちました。人との応対や話し手の態度、声の抑揚や笑顔に訪問者は大変敏感に反応するものだと分かりました。観光ガイドを始めた頃は観光客への説明も行き届かず単調な説明に終始していました。高知城本丸に展示している展示品にも注意を払いませんでした。その後、歴史的な資料として展示品を見るようになってから展示品が貴重な資料であること、何よりも高知城の建物群が国の重要指定文化財として貴重であることを観光客に訴えるようになりました。観光ガイドに関わることで日本の封建社会の終焉となった幕末から明治維新、その後の近代史にも強い関心を持つようになりました。

放送大学で学ぶ学習方法、学び方は学生の年齢、学習目的、資格の取得、学んだ後何をするのか、個々によって様々でしょう。放送大学では教養学部の中で人文系、科学系から何を選ぶかは自由です。前述の通り、私の場合、最初から何を学ぶか明確な目標もなく定年後自宅でゴロゴロし妻に嫌われるのを察知して、その逃げ場として放送大学を選んだのです。

このような私でも卒業できたのは自分のコースに関係なく自由に科目を選べたからです。入学時は手続きのため「発達と教育」を専攻しましたが色々好きな科目を取得して行く内に自分に適したコースが「人間と文化」であると気付き変更しました。私に効果的であった学び方を以下に述べます。

入学してから基礎科目や共通科目の中で私が日頃から関心のあった健康と食生活、日本の政治と社会、宗教と文化、各国の歴史と文化、人類学などに関連する科目を幅広く選んで学んだことが後のボランティア活動の対人関係に役立ちました。

放送大学とはいえ1人で学ぶのではない。単位を取るための学びではなく興味ある面接授業やセミナーを多くとり、講師や教授と会って楽しくコミュニケーションすることが大切でした。学んだことで自分が感銘を受けた知識は直ぐ発信して役立てる。私の場合高知新聞《声ひろば》への投稿や、高知城で観光ガイドをして同僚や観光客への話題としました。

上記3項目を継続している内に学ぶ楽しさから「ああ成る程そうか」と気付く喜びを覚えるようになりました。入学して3年目に自分が取得してきた科目をふり返ってみると私が取得した科目に文化や人間の歴史に関係する科目が多かったので、入学時の専攻コースを「人間と文化」に変更しました。そのなかで美術品や工芸品のみならず人間が制作した道具や物の価値を歴史的資料として後世に残し伝える歴史博物館の仕事に魅かれ、博物館学を学び学芸員資格を取りました。ご存知のように歴史博物館の学芸員は調査、研究、資料の保全や展示、時にはフィールドワークや論文作成など一生涯かけてやる仕事です。半世紀前に今のような情熱があれば私も学芸員の仕事を選んだでしょう。

【名前】曽我古世（そが・こせい）
【年齢】72歳
【所属学習センター】高知学習センター
【学生種別】全科履修生（心理と教育コース）
【既卒業コース（年月）】人間と文化（2014年3月）
【取得資格】学芸員

教育研鑽制度に放送大学を活用する

筒井二千六

私が放送大学の存在を知ったのは、平成20年の春頃でした。技術士には資格保持継続の必須条件である教育研鑽（ＣＰＤ）制度という、生涯学習での成果を毎年30単位以上受講する責務があります。この制度に関係する幾つかの研修会に出席してきました。必要分野の系統的な研修がないで、先輩技術士に相談したところ、放送大学で「生涯学習」に取り組むことを示唆されました。

各コースのカリキュラムを調べてみると、私が学ぶべき最適なコースと思われる「社会と産業」「自然と環境」「情報」があり、ＣＰＤに対応した科目が多いことが分かりました。早速21年度1学期に「社会と産業」コースに入学、25年3月には卒業することができ、引き続き25年4月に再入学、28年3月「自然と環境コース」を卒業しました。今年4月には「情報コース」に入学して、多くの科目を選び出し「生涯学習」と位置付け継続して学ぶ決意です。

75歳の誕生日を過ぎて、後期高齢者と呼ばれる年代入りのせいか、印刷教材を1度や2度読んだだけでは、記憶力が劣っていてなかなか覚えられません。単位認定試験では何時も苦労しています。しかし、強制的な学びではなく、自ら興味のある科目を選び学べるため楽しくて、時には0時を過ぎることもあります。

新しく得た知識を今後関わる社会活動に適用し、少しでも役に立ちたいと考えています。また、岡山学習センターはクラブ活動が盛んで、12ものクラブが活動しています。私は中国語クラブに入会し、毎月2回の例会に参加して、中国語を学んでいます。まだ上達の域には至りませんが、中国人の先生による本場の中国語が学べること、中国茶のお点前・餃子の作り方等も教えて頂けることが魅力です。これらの活動には学生が積極的に挑戦しています。年齢差が30歳以上の老若男女の集まりですが、会員同士は和気あいあいで、岡山学習センターでのみ味わえる楽しみと実感しています。孤独に勉強だけするのではなく、クラブ活動に参加され、多くの友人を作って楽しい学生生活を過ごされることをお勧めします。

【名前】筒井二千六（つつい・にちろく）
【年齢】76歳
【所属学習センター】岡山学習センター
【学生種別】全科履修生（情報コース）
【既卒業コース（年月）】社会と産業（2013年3月）、自然と環境（2015年3月）

岐阜女子大学での博物館実習体験

伊東正明

私は、放送大学で２０１２年４月～２０１５年９月の間に博物館関連科目８科目を習得し、博物館実習科目は岐阜女子大学で受講することにしました。２０１５年度の受講者は全国青森県～高知県の15名で、実習は岐阜女子大学文化情報研修センター（見学以外は全て）で行なわれました。今回のスケジュールは［学内実習］は７月18日、８月16日の２日間［館園実習］は９月27日、10月３日、10月31日、11月22日、12月20日の５日間、そして［見学実習］は２０１６年２月２日、２月３日、２月４日の３日間で博物館５館を見学しました。この実習は10日間全て参加することが求められます。

さて、今回は７月17日夕方岐阜駅に降り立ったところから始まります。私は当地は初めてでしたので不安と好奇心の入り交った気持ちのままに左手に織田信長の銅像を見ながらホテルへと向かったことでした。翌18日、岐阜駅から徒歩で約15分、金華橋通りを北へ進んだ道沿いにある会場に入りここから実質スタートです。［学内実習］では１日目の午前中に講義があり後半実施予定の［見学実習］について対象館、予定スケジュール、レポート作成等々の手順・留意事項について説明がありました。続いて当日作業スケジュールに移り、メインテーマは「絵画」で、15名を2つのグループに分け、作業概要はグループ毎に絵画コピーが山と詰まれた中より各自が1枚抽出しグループ内で意見交換、そこで目指す方向性に向けて調整を行い進めた上で展示までの作業を行ないました。最終的にグループごとに批評しあい、講師の講評をもって1日目の実習は終了しました。

2日目は博物館関連講義、続いて博物館資料、資料の価値、資料の収集、資料の保存、資料の修復、紙の資料等について説明がありました。実作業としてはそれぞれ説明の後材料が配られ2人一組で「洋装本」の作成を行ないました。皆様とは初めての出会いでしたが、そこは放送大学の仲間です。すぐに打ち解け互いに協力し合って完成させました。次に3日目からは「館園実習」です。これより同所のセンター・デジタルミュージアムに移動しました。自己紹介の後作業はほぼ3人編成のグループで行ないました。午前中にデジタル・アーカイブ（実践のあゆみ）資料により講義・説明を受け、午後からはリーフレットの作成に取り組みました。この日より退出時に実習日誌の提出が義務づけられました。4日目は動画撮影で一連の説明を受けた後A、B2グループに分けられ二種類の機種による撮影を行ないました。午後は編集、撮影、オーラルヒストリー型デジタルアーカイブの説明を受けて互いに実習生同士が協力しながらの作業となりました。以下7日目までは2、3人のグループによる共同作業です。5日目は静止画撮影で午前中一通りの説明を受けて、午後はグループ内で話し合い疑問点は講師に聞きながら撮影作業を進めました。６日目は午前中オーラルヒストリー型デジタルアーカイブ作成の講義・説明を受けて、午後からは実習作業に移りました。（話の映像を作成しその説明内容を口述で録音し、これを組み合わせて一つの作品に仕上げる。）７日目は午前中に６日目の作業で作成した作品の発表を行った後、講師より講評を受けました。午後は「イタリアの幼児教育（例）」についての講演があり実習生全員聴講しました。

いよいよ８日目から［見学実習］です。１館目は「博物館　明治村」で、愛知県犬山市にある野外博物館で、明治時代の建造物等の歴史資料を収集・公開し社会文化の向上に寄与することを目的として１９６５年に創設されたものです。ここは建造物が多いので殆んど外観を見る程度になったが専属部職員による保存、管理状態がすばらしく各展示場のガイド（ボランティア）の方も非常に心のこもった対応をされていたことに強く感動しました。

２館目は「長良川うかいミュージアム」で、岐阜市長良にあり長良川鵜飼に関する博物館で２０１２年に開設されたものです。この館の特徴は鵜飼用具などの実物資料や暮らしの現場を感じさせる映像・音響・写真資料を使い特性が分かりやすく説明されていました。

３館目は「岐阜市歴史博物館」で、岐阜市大宮町にあり１９８５年開館の岐阜市営の博物館です。岐阜城のある金華山のふもとにあり、この館では企画展「ちょっと昔の道具たち」が開催されていて１４０年～４０年前に使われていた各種道具が集められていて関係者のご苦労に深く感動しました。

４館目は「名古屋ボストン美術館」、名古屋市中区金山にある美術館です。アメリカのボストン美術館の姉妹館で、同美術館自身は資料の収集・保有はしていません。同館は１９９９年に開館しています。この館では「ヴェネツィア展　魅惑の都市５００年」が開催されていました。約１３０点に上る作品を辿ることが出来、物凄く感動を覚えました。

５館目は「名古屋市博物館」で名古屋市民の人口２００万人突破記念事業の一環として１９７７年に開設した歴史系博物館です。ここでは名古屋を特徴づける歴史資料を中心に収集資料は約2万2千件　24万点に達しています。貴重な資料の多さに驚きました。この館では特別展「名古屋めしのもと」が開催されていて名古屋の食文化の特色が良く表されていて非常に学習になりました。

今回の実習では同じ目的を持つ全国の仲間と共に作業をする事によって交流が図れ絆も強まった感じがしました。今までこの様な経験のなかった私にとっては特に有意義なもので、今後の活動面で大いに励みとなった様に思います。この実習及び最終レポート提出によって学芸員資格を取得する事が出来ました。講師はじめ実習生の皆さんに心から感謝致します。

追記：伊東正明氏は、高知学習センター同窓会の初代会長を２０１6年3月まで務められ、同窓会の発展と学習センターの支援に多大の貢献をされました。２０１6年8月19日に本文原稿を提出され、加療のため入院されておられましたが、10月6日にご逝去されました。享年75

歳でした。謹んでご冥福をお祈りいたします。

【名前】伊東正明（いとう・まさあき）
【年齢】74歳
【職業】元・銀行職員
【所属学習センター】高知学習センター
【学生種別】全科履修生（人間と文化コース）
【既卒業コース（年月）】自然の理解（2008年9月）、社会と産業（2015年9月）
【既修了プログラム（年月）】大学院文化科学研究科修士課程自然環境科学プログラム（2012年3月）
【取得資格】学芸員

4章　退職後の生活を豊かに

我が来し方と行く末

宮北　薫

私は2009年4月に入学して以来、ほとんど毎日といってよいほどこの学習センターに「通学」しています。私が放送大学の学生になった経緯と入学してからの学習への取り組み、この学習センターでの日々の過ごし方等をご紹介します。

私は市役所の職員として勤めていて、退職の当時は生涯学習センターで生涯学習担当主幹という役職で仕事をしていました。いよいよ退職が目前に迫ると、退職後の身の置き所を真剣に考えるようになっていきました。悠々自適とはいうものの、裏を返せばすることがない退屈極まりない毎日を意味していますから、退職後の自由な時間をより有意義に過ごすための仕組みづくりをしっかりと考えておく必要性を強く意識していました。私の職場へ、放送大学香川学習センターから入学案内のパンフレットを置かせてもらいたいと職員の方がよく来ていました。その方から説明を聞くと、この大学にはいろいろな分野の幅広い科目がありきわめて充実した仕組みの大学だと感じ、退職後はこの香川学習センターに身を置こうと考えるに至りました。

退職の年の3月末に入学の手続きをとり、4月には晴れて入学となりました。新入生歓迎会の式典のことは今なおよく覚えています。学習センター所長は入学式の挨拶で、「自由な学習とは一面自己管理を必要とする学習であり、初心を忘れず目的を確かに持って学ぶべきである」とか、「センターに来て、友人を作ることも必要だ」とか言っておられたことを心に留めています。入学に際して、私は家にいてはいろいろなことがあり、気が散って勉強ができないから毎日学習センターに来て勉強をしようと決めていました。

ですから、テキストを読み、視聴覚教材を活用するとかは全部学習センターでしています。そして、学生団体の役員にも入れてもらい、会報の発行や親睦旅行、入学者歓迎会等の行事の世話にも微力を尽くしています。また、ここでのクラブ活動にも積極的に参加しており、クラシック音楽班の世話役のほか、英会話班、中国語班、韓国語班、交流サークル、近代史研究班にも入会してそれぞれのサークル活動に精を出しています。

語学には関心があり、科目としても中国語、フランス語、英語を受験して単位を取得しました。特に英語は学んだことを実地に活用してみたいと思い、ボランティア通訳の会に入会して公園の案内などをしてきました。将来は、英語だけでなく中国語、韓国語でも案内ができるように頑張りたいと思っています。学友を誘って中国や韓国へもよく旅行をしますが、食堂へ入って料理を注文したり、道を尋ねたり、買い物等にも覚えた単語を何とか並べて会話を試みています。話が通じたときには喜び、簡単な言葉が通じないときには反省点を見つけて尚一層励まなければと心に誓っています。

また、市民劇場の会員にもなっており歌舞伎を見たりする芝居好きが高じて、アマチュアの劇団に入会して舞台にも立っています。舞台芸術への招待や演劇入門などのテキストに書いてあった演技論がどれだけ自分で消化できていたかは不明ですが、応援に来てくれた学友からは、演劇初心者とは思えない落ち着いた演技であったとお褒めの言葉をいただきました。

学習センターのロビーや談話室で友人達と談笑するときには、毎日ここを掃除してくれている清掃員のことを思いますし、学習室やトイレにまで花を活けてくれている事務の方の細やかな心遣いにも思いを致します。センターでこうしたことがあるからこそ毎日充実した学生生活が満喫できているのです。このことを考えると、皆さんや家庭を支えてくれている家内への感謝とともに厚くお礼を言いたいと思います。人間と文化、社会と産業のコースを終わって、今は自然と環境コースに身をおいていますが、今後は、放送大学の全コースを制覇してグランドスラムを達成したいと思っています。目指すべき雁山は遥かに遠くともいずれの日にかこれを越えてみたいと考えている日々です。

【名前】宮北　薫（みやきた・かおる）
【年齢】70歳
【所属学習センター】香川学習センター
【学生種別】全科履修生（自然と環境コース）、大学院修士選科履修生
【既卒業コース（年月）】人間と文化（2011年3月）、社会と産業（2016年3月）

資金運用から経済学、そして「人間と文化」の学習へ

岸本斉子

私は定年退職後、放送大学に入学し13学期で124単位を取得して「社会と経済」を卒業しました。今、心の中で思う事は「やれば出来る」という事です。私が放送大学に入学した動機は、少々不純です。退職時に手にした退職金の運用を企てて、株式投資、債券投資、投資信託などを詳しく理解するために、銀行のセミナー、信託銀行の講座、大学の経済学部の講座といろんな所へ行きました。本も買って読みました。２００８年のリーマンショック以前でしたから為替も１２５円から１３０円でした。当時の野村證券岡山支店長さんは「とにかく貯蓄より運用です」と力説しておりました。私にピッタリくるものがあり、知り得た知識を駆使して株、投資信託を始めました。黒字になったか赤字になったかは想像にお任せします。

一年間色々と勉強した甲斐があり知識がいっぱい蓄積されました。考えてみるとこの知識は断片的だと思い、せっかくだから、系統立てて経済を勉強しようと思い入学しました。先ず感じたことは、経済を学ぶことによって世界が見えるという事でした。経済は世界中つながっており、その背景は政治・歴史・文化・地理・民族とてつもなく広範囲でした。教科書を開き、

世界地図、地球儀をみながらの学習はわくわくしました。

面白かった科目は、高橋和夫先生の「第三世界の政治、パレスチナ問題の展開」でした。中東の問題は理解が出来なくて新聞のニュースを見ても不可解でした。いまさら人にも聞けませんし……。しかし、この科目を履修してからは理解ができるようになりました。そういう事だったのかと頭がすっきりしました。ニュースを見ても分かるようになりました。単位の取得はかなり頑張りました。「現代東アジアの政治と社会」では、中国との関係また韓国との関係などを学問的に理解することが出来ました。また「途上国を考える」という科目も大変興味深く、教科書というよりも一冊のドキュメントを読んでいるようでした。

勉強すればするほど、知らないことの多さに驚きます。まだまだ放送大学の科目の一部しか履修していませんので、これからもまた挑戦していきたいと考えております。皆さん一緒に学びましょう。

【名前】岸本斉子（きしもと・せいこ）
【年齢】73歳
【所属学習センター】岡山学習センター
【学生種別】全科履修生（人間と文化コース）
【既卒業コース（年月）】社会と産業（2014年9月）

学習センター事務職員と学生を兼ねつつ

竹本義邦

２００8年3月、前職を60歳定年退職後、再就職として同年4月から放送大学広島学習センターに勤務することになりました。この年の2学期、科目履修生として1科目の単位認定試験の受験を課せられましたので基礎科目の中から比較的やさしいと思えた「こころとからだ（07）」を選び、教科書を一度読み通して、嫌々ながら受験しました。

結果は不合格（評価はDで59点以下）で、勉強嫌いの私と言えど職場に恥ずかしい思いを抱きました。結局、学習意欲の薄さが原因であると感じ、ベテランらしき学生さんに、どのような勉強をしているかと質問すると「教科書またはＤＶＤは双方とも2回以上は読破する。」との回答を得て、そんなもんかと驚きました。私には無理だと思いつつ、時を過ごしていましたが、一方では再試験で悔しさを晴らしたいという思いも募っていきました。

再試験を受けるためには「全科履修生」になることが必要だと職場の同僚に勧められて２００9年4月からの登録を済ませました。その当時、卒業を目指すなどの意欲はまるでありませんでした。さて、「こころとからだ（07）」の再試験の結果は合格（評価はⒶで90点以上）で屈辱を晴らしました。学習方法・学習意欲が効果に繋がりました。学ぶ喜びを感じたのも、この時期でした。

放送大学広島学習センター事務職員として２０１２年3月までの4年間の務めを終えました。この間、放送授業を15科目30単位修得しました。在職4年間は、土日勤務のため、面接授業の習得はかないませんでした。２０１２年4月から勤務から解放され、今後どのような生き方を選ぶのか思案しました。健康維持のための運動と生涯学習の組み合わせでリズムを保つ、これが私の決断でした。

生涯学習のうち先述した面接授業を受けてみたいという願望は強いものでした。「中国・四国ブロック版　面接授業時間割表」を見て広島学習センター会場で行う授業概要に魅せられました。実際、２０１２年面接授業19科目、放送授業8科目、２０１３年面接授業12科目、放送授業11科目の登録と意欲的でした。面接授業の分野は多彩で「変なおっさん」タイプの講師が数々、登場し、それは情熱的でその講義への熱意に深く感動しました。

何かに集中したいという欲望をかなえてくれた放送大学に感謝したい。２０１５年3月「生活と福祉コース」を卒業、現在「社会と産業コース」に学び既に単位修得済みで２０１７年3月卒業見込みとなっています。私の場合、課せられた「単位認定試験」が小さな動機を生み、学ぶ意欲を掻き立ててくれました。しかも科目選択では、「基礎科目」「共通科目」の中から興味ある科目を選び、集中することが実践的に継続的な効果を生むものと信じています。つまり、難しいと思われる「専門科目」を習得するまでには、しっかりと学習意欲を高めるための予習が必要なのです。

さて、放送授業について私のつたない学習方法を紹介しておきます。教科書が届いたら、まず「通信指導」問題答案に必要な第8章までを先行して、ＤＶＤまたはＣＤを視聴きしながら教科書を黙読します。学習時間としては、1日3章分の読破を目途としています。第8章までの通信問題解答を終えて放送大学本部に郵送します。その後は、第9章から第15章まで同じように教科書とＤＶＤ等の双方を同時に見て、黙読していきます。次の2科目に取りかかります。

過去問題をホームページから印刷して引き出し、問題が第何章に該当するか把握します。その際、問題中の「人名」「専門用語」の検索には、教科書の巻末にある「索引」を利用すると良いでしょう。問題の正解を見つけるだけでなく誤っている理由も理解しておきましょう。

最後に不服な部分を語ります。これまで私は、安佐北区安佐町の小さな団地から片道23㎞を自家用車で広島学習センターに通い、駐車料金無料で1日3章分の学習を続けていましたが、2016年から東千田町構内駐車場規制が改正され、これまでの学習時間を履行すると駐車料1800円が課せられることになりました。駐車場無料の時間は20分間です。この時間帯を利用して視聴覚・図書室にＤＶＤ・ＣＤを3本借りて自宅での学習環境に奮闘しています。家庭での学習はとても困難を伴います。テレビ・ラジオ・妻の騒音で学習環境は激変しました。「どうしたもんじゃろうなー」と感じるこの頃です。

【名前】竹本義邦（たけもと・よしくに）
【年齢】69歳
【所属学習センター】広島学習センター
【学生種別】全科履修生（社会と産業コース）
【既卒業コース（年月）】生活と福祉（2015年3月）

定年退職後に地元に戻って

串田憲泰

私は1963年春、関西に本社がある会社に入社しサラリーマンとして社会人の生活を始めました。メーカーであったため全国各所にあった工場への転勤も10数回を経験しました。その間、大学時代の同級生との交流も続き特に意気投合した二人の友人とは、都合が合う場合に小旅行をしたり、ターミナルの居酒屋で酒を酌み交わしながら近況報告をしあったりしてきました。

定年による現役の卒業は、それぞれの企業で異なりますが、私は家庭の事情により故郷の広島に帰ることにしておりました。その時が来た一夕、ターミナル駅の居酒屋で二人が送別の宴を張ってくれることになりました。話題は、おのずから時間がたっぷりとある状況をどう過ごすかということになるのは当然のことです。友人二人はゴルフをやり、碁敵でもありました。これに反し私は、仕事一途と言えばかっこよいですが、無趣味で無粋な男と成り果てていました。彼らは帰郷してゴルフでも始めればよいではないかとそれぞれにはっぱをかけてくれましたが、しょせんは無趣味な男ですからそれらの話に乗ることができず、その場は話題を変えて送別会はよい雰囲気で終えることができました。

帰郷してしばらくは、地元廿日市での高校時代の友人たちとの関係の修復のための行動をとっていました。そうしたある日地元郵便局に用事があり局舎を訪れましたところ、カウンターの端に放送大学のパンフレットがあることに気が付き大学のことは何も知りませんでしたが持ち帰って読んでみることにしました。そしてまずは科目履修生として学んでみることにしました。それが現在の全科履修生としてつづくことになろうとは、自分でも驚いています。

広島学習センターでは、面接授業のほかに、学生以外の皆さんにも公開される特別講座のプログラムがあります。広島大学をはじめ近隣の大学の教授など、学習センターの客員教員の先生方が担当されます。現在は10人の先生方が、10講座を毎月1回講義されます。おそらく専攻されている内容がテーマですから、熱を入れて講義されます。すると、受講する学生もその熱に応じて懸命に受講するので先生方もより熱を入れられる、という好循環が教場を支配するという感じで行われています。先生方は原則として所属される大学で学生への講義を行っておられますが、当講座の学生の受講の姿勢が良いので気持ちよく講義ができると話される先生もおられます。そのテーマに興味があるので聴講する我々と、一般大学の学生では学ぶ姿が違うのではないかと思います。時には先生の講義をきっかけにより親密さが深まって、クラブ活動のようになり、数名の学生で食事を共にする形に発展することもありました。

広島学習センターでは、原則、年に一度の研修旅行が行われます。参加は自由で日帰りで行われます。今年も、10月7日に大崎下島にある「江戸時代の港町みたらいまち」へ行ってきました。当時の町並み、潮待ち館、天満宮（お宮のトンネル）など、江戸時代に帰ってきたような風情のある町並みでした。

そのような研修旅行の中で、私が大きな衝撃を受けたのは、2011年3月11日の午後発生した東日本大震災の被災地（松島町、石巻市、南三陸町）を訪ねたことでした。広島学習センターの客員教授を務めておられた広大の鳥谷部先生のご案内による研修旅行でした。私たちの旅行は2012年11月3日JR広島駅を出発、仙台に向かい被災地2か所を訪問する2泊3日の行程です。参加者は鳥谷部先生をはじめとして、職員4名、学生12名でした。

最初に訪れた大川小学校では結果として、避難先が津波に襲われ児童74人と教職員10名が死亡すると云う大惨事に見舞われました。破壊されつくした学校の運動場に立ってみると水の力がこのようにものすごい結果を生んでしまったのです。私は細かい事情が分かっていないからでありますが、なぜ裏山へみんな逃げなかったのかが不思議に思えました。丁度この文章を書いてきたとき、テレビのニュースで大川小学校児童の父兄たちの一部が損害賠償請求を訴えたものにですが、その訴訟の結果が仙台地裁の一審判決として報道されました。内容は学校に過失があったので、遺族に合計14億3千万円の損害賠償の支払いを宮城県と石巻市に命じたものでした。まだ一審の判決ですから確定しない状態で今後も争われることとなります。

続いて南三陸町を訪れました。ここも本当にひどい状況でした。典型的な被害の状況を表していた。海岸から山のふもとに至る部分の家がほとんど全滅しもいたように思えました。屋上を超える高さの津波に襲われた防災対策庁舎は、3建ての鉄骨が全く裸の状態で残っていました。街中の商店街もこのような被害を受けたのでしょうが、山裾の近くの一角に集まった商店街が復興して活動しているのを見た際にはホッとしました。その後、近くの食堂で昼食後、仙台に帰り仙台学習センターにお邪魔し意見交換会ののち被災地訪問の旅を終えました。

以上、私の放送大学での学びについて、公開特別講座と研修旅行を中心に綴ってみました。

【名前】串田憲泰（くしだ・のりやす）
【年齢】78歳
【所属学習センター】広島学習センター
【学生種別】全科履修生（自然と環境コース）
【既卒業コース（年月）】人間と文化（2010年9月）、生活と福祉（2013年9月）、社会と産業（2016年9月）

やれば誰でもできる

喜田智代子

２０１６年のリオのパラリンピックで、ある選手がＮＨＫアナウンサーに言っていました。「誰でもできる。やれるんですよ」と。私も他の人によく言っていた言葉だと思い出しました。でも、この当たり前の言葉が、いざ実行に移すとなると、なかなか難しいのです。

私の放送大学に入学の動機はいくつかありますが、一番は、大学生になって勉強してみたかったことです。２０００年３月に57歳で退職し、すぐ4月、初めは「生活と福祉コース」に入学しました。学校は徳島市川内町のブレーンパークにあり、片道約30㎞を車で通学、途中、見渡す限りピンクの蓮の花が咲いて、とてもきれいでした。開花のポン！と音がしたみたいで、思わず振り返りました。この頃は職業訓練生として、簿記とパソコンの教室にも掛け持ちで、充実した毎日でした。

次の2年次は、知り合いの個人病院の医師に頼まれ、一年間だけ勤務しました。3年次は、放送大学の学習センターも徳島大学工学部内に変わり、10㎞位近くなりました。4年間で卒業しようと各学期7～8科目にし、面接授業も出来るだけ出席しました。勉強の科目は、仕事と関連したものが多く、学び直しや、新知識を得て若い時にない楽しさがありました。特に保健体育は生涯スポーツへの道ということで、渡辺先生と臼井先生のニコニコした顔が印象的でした。その後、運動不足で私の体重はだんだん増していきました。勉強した中味と裏腹です。

そこで2003年、ついに実行です。徳島大学開放実践講座「ホノルルマラソンを走ろう」に無謀にも挑戦。ちょうど、同じ60歳代の人が何人か居て、皆で一緒に練習しました。また、2003年は出来たばかりの身体福祉論をとり勉強しました。宮下先生、臼井先生、他皆すばらしい講師陣で、ことに福永先生は、徳島県出身。ファンレターを送りたいと思った程です。

2003年12月、いよいよホノルルマラソンです。朝5時、まだ暗い中ピストルを合図に花火が上がり出発です。3万人余りのアスリートに混じって、私達の出発したのは30分後でした。フィニッシュは太陽が西に沈みかけ薄暮の中、観衆も疎らとなった頃、涙を流しながら這うようにゴール！　と思い込んでいたのに、最後の500m位はぶっちぎりで走り、他人を掻き分けゴールしました。アレ!?　この時の高揚感ときたら……。仲間の所へ言って靴を脱ごうとしても脱げません。仕方ないのでそのまま座ろうとしたら、膝が曲がらずズデンと尻餅をついてしまいました。自分の身体の疲れさえ分からない有様です。

その後、四国88カ寺のお遍路を歩いたり、毎年あちこち6年間、海外のマラソンに行きました。私の30歳代の時、息子の運動会で60歳過ぎの公民館長さんに引っ張られ、転倒して以来全く運動はストップでした。そんな私が、60歳になって42・195㎞走れたのです。「やればできる。私のような運動音痴が出来たから、誰でもできる」と友人たちに勧めたものです。勧められた人達には「あんた達、輝いとうな」と言われました。

　体重は勿論正常に！　ついでにとは変ですが、徳島大学大学院で、マラソン仲間に協力してもらって、中高年の適度な運動強度について研究しました。エルゴメータで漸次負荷しながら、心電図や心音、脈拍、血圧などデータを測定しました。被験者の主観的運動強度（ボルグスケール）を聞きながらです。後のデータ分析と論文で胃が痛くなるほど大変でしたが、若者たちと一緒に勉強できたのは、何よりも大切な思い出です。良き指導者と良き仲間、そして同じ目標があったからこそ、達成できたと思います。

　放送大学では、生涯学習として学び、「発達と教育専攻」では心理科目を多く履修しました。相手の気持ちに共感して聴くことを学びました。「人間の探究専攻」では古事記などの古典文学や、世界文学、歴史などが面白かったです。「社会と産業コース」は政治や経済、世界の情勢等、為になりました。種々な知識を学ぶのは楽しいですね。これからも生涯学習です。「やれば出来る。」目標を持って実践するのみです。

【名前】喜田智代子（きた・ちよこ）
【年齢】74歳
【職業】専業主婦
【所属学習センター】徳島学習センター

【学生種別】全科履修生（社会と産業コース）
【既卒業コース（年月）】生活と福祉（2004年3月）、発達と教育（2006年3月）、人間の探求（2012年9月）

5章　障がいを乗り越えて

障がいと共に

廣瀬絵理

私が放送大学に入学した動機は、「自分が理解出来なかった」ためです。自分を深く研究しようと思い放送大学に編入学しました。11年間の学生生活の中で、ある面接授業に出席しました。授業の中の心理検査で、反社会的人格障がい・異常であるという結果が出て、驚きを隠せなかった事を昨日のことのように覚えています。今となれば、広汎性発達障がいへの気付きへの第一歩となりました。徳島新聞に掲載されたため、ご存じの方も多いと思いますが……。私は、広汎性発達障がいというハンディ——生きづらさを抱えながら生きています。

単位認定試験では、皆さんの熱気が伝わってきて試験中、手が震えたことをはっきり覚えています。心理学を専攻していましたが、テキストの深い意味・抽象的な表現が理解しにくいため、とにかくノートに全て書いて、何回も覚えるという学習形態をとりました。皆さんはポイントを見つけ学習していくのだと思いますが、私は入学当初は障がいの事も解らなかったため、このような学習形態になっていました。丸暗記という表現が当てはまると思います。又、苦労したことは仕事との兼ね合いでした。入学当初は学習の継続が困難なほどの鬱状態でしたので、休学を余儀なくされました。仕事も休業し、他人とのズレから来るストレスは続いていました。

丁度、その時期に学友が同じ学生の方と結婚するというエピソードがあり、とても羨ましく感じました。私がキューピットになったため大変嬉しく思いました。他人への学びの勧めは、放送大学は門戸が広く幅広い年齢層の方がいらっしゃるという事だと思います。入学当初は正直戸惑いましたが、人生について深い洞察力を持たれ、前向きに頑張っておられる方々と知り合いになり、絶望の中で希望をもらいました。その中のお一人であるO先生は私の人生を大きく変えてくれました。私の障がいの特性にとても詳しく、障がい（特性1：能力のアンバランス、特性2：認知能力の偏り、特性3：抽象的な表現の解りにくさ）を受容するのは容易ではありませんが、自分らしく生きていきましょうとおっしゃっていただき学業の再開に至りました。

人生において学びとは、一生継続していくものだと思っています。学習の継続が困難なときも私の障がいの場合はありますが、知的好奇心を常に持っていたいと思っています。学生さんとの思い出も、その後の人生を充実したものにしてくれました。研修旅行で知り合ったIさんは、悩んでいた時、私の話を親身になって聞いてくれました。このように、人を思いやること、人の話を傾聴することの素晴らしさを体感しました。又、同じ広汎性発達障がいの方とメールアドレスを交換し、いろんな話をする機会もありました。彼女とは「生きにくさ」について語り合いました。そして障がいを受容して生きていくことの大切さを私に教えてくれました。

卒業時、私は障がいの受容という面では未だ発展途上の段階でしたが、無気力だった以前の私からは想像出来ないほど心身共に回復していました。卒業時にアロマサークルの方が制作してくださったコサージュに11年間の重みを感じました。私にとって放送大学とは人生の転機となる場所であった事を再確認しています。放送大学は、やり遂げるという強い意志があれば出来、私のように前後しながらでも前進していくことが出来る場所であると思います。

【名前】廣瀬絵理（ひろせ・えり）
【年齢】41歳
【職業】会社員
【所属学習センター】徳島学習センター
【学生種別】選科履修生
【既卒業コース（年月）】発達と教育（2013年9月）

卒業を目指してコツコツと

室崎若子

ボランティア仲間の友人が、放送大学を卒業したというのを聞きました。９年前のことです。「私もいろいろ勉強しようかなあ！」とその友人に言ったのが、私が放送大学へ入学するきっかけでした。友人は１週間に１日大学へ行って勉強したと言うことです。私はそこまではできないけれど、家でボツボツできる範囲で勉強したいと思っていました。

まず、放送大学へ行ってみようということで、早速友人が学習センターへ連れて行ってくれました。その時いろいろ説明してもらいました。申込書を持って帰り、それに記入して友人と一緒に届けを提出に行きました。この時、大学の関係者から「試験の時に、点字を打つ時の音が周りの人に聞こえるのではないか？　犬のきらいな人がいるかも知れないがどうするか？」と言われました。私はびっくりしました。「教育の場でありながら、こういう質問をすることがあるのだろうか？」と私はすごく残念でたまりませんでした。私は目の障害のことや盲導犬のことで、小・中・高等学校へ毎年話に行く機会をもっています。子供達はすぐに理解してくれます。なのに、大人が理解できない、まして大学関係者のなのに……。この時は不満が残りました。一緒に行ってくれた人は、この受け答えを聞いて「大変なんやね。教育の場でありながらこんなことを言われるんやね。」とびっくりしていました。でも、考えてみると、おそらく学習センターでは多くの学生さんが勉学している中で学ぶことになるので、皆が学べる環境を整えることが大事だと言うことだと理解しました。その後、実際に授業や試験を受けるときは、きちんと説明をして下さり、試験員とマンツウマンで安心して試験も受けられました。放送大学香川学習センターの教職員は皆さん優しいです。

勉強は教科書とテキストデータを送ってもらい、それをブレイルメモに送って勉強していました。放送大学のテレビ・ラジオの授業が入るようにBSのアンテナを家につけてもらいました。ところが、放送時間のセットを自分でできないのでCDやDVDを、放送大学から借りして勉強しています。仕事で高松へ通勤していた時は、小豆島から高松までの船の中で勉強していました。最近は家で、洗濯、掃除などの合い間の時間を使って勉強しています。

放送大学から通信問題が送られてきます。送られて来たのをスキャナーで音声にするのですが、やり方がよくわからないので、点訳グループの人にお願いして、わかりやすく直してもらっていました。最近は、点訳グループにお願いしないでもどうにか読めるので、自分で読んで解答を出しています。放送大学の通信問題の解答も、頼んで書き入れてもらっていましたが、昨年ぐらいからインターネット上で出来るようになり、ボツボツ自分でしています。インターネットで勉学する時、はじめに放送大学のホームページに入るやり方がわからず、放送大学の香川学習センターの方に教えて頂きながらトライしました。ネット上での操作は、最初は難しく焦っていましたが、おかげ様で少しずつ慣れてきました。

　面接授業で、終わった後にレポートを書くのに時間がかかり、なかなか思うようにはかどらなかったことも多く、最初はすぐに提出出来ませんでした。しかし、最近は携帯で文を書いてセンターへメールで送るようにしました。これで何とか提出できるようになりました。

　最初は放送大学の中もどうなっているのかわからず、事務の人や周囲の人に協力してもらいました。自宅から放送大学に行くのに高松港からタクシーを使っていました。タクシーの運転手さんも、香川大学の中の放送大学の場所がわからなかったり、違うところで下されたりして困ったこともありました。違う所で下りると、自分の立っている位置がわからず困ります。最近では使用するタクシー会社を決めてお願いしています。時間に余裕がある時はバスも使って行けるようになりました。親しい友達もでき放送大学から高松築港まで一緒に歩くこともあります。勉強はなかなか進みませんが、私の知らないことがいろいろわかるし、すばらしい人との出会いもあり楽しいです。これからも卒業を目指してコツコツ続けて行こうと思っています。

【名前】室崎若子（むろざき・わかこ）
【年齢】62歳
【所属学習センター】香川学習センター
【学生種別】全科履修生（心理と教育コース）

大病から生還したあの日から

上村加代子

そうです、あの日からなんです。私は在職40年を機に徳島の保育園を退職。当時二人の息子が住む高知へ居を構え、やっと家族一緒の生活が始まりかけた頃でした。高知医大病院のすぐ近くだったのと新しい生活も始まったことだし、健康診断のつもりでレントゲンや心電図の検査を受けておこうとその病院へいきました。最後の心電図の検査を済ませ帰宅するため廊下を歩きだした時でした。何か後ろのほうからガラガラと大きな音がしてストレッチャーが近づいてきて私の横でピタリと止まり、「上村さんですね。早くこれに乗ってください！」と言うや否やその意味が分からず抵抗する私を無理やりに乗せ入院室に連行されました。後から主治医の説明で分かったのですが、心臓の動脈の一本にひどい狭窄があり、場所が場所だけにここでは手術が不可能ということで、その分野の高名な医師がいる岡山大学病院を紹介されました。自覚症状が全くなかったため、ただただあっけにとられるばかりでした。

翌朝早速、一人で大きな鞄を肩に出発しました。当日、一人で手術を受ける淋しさ恐さは言葉では言い尽くせませんでした。麻酔をかけられる際に先生から「麻酔がかかりにくい体質なので普通より強い麻酔を使います。」と言われました。だんだんと意識朦朧となっていく中で神経は冴えて恐ろしいことに色々な事が浮かびあがってくるのでした。「ひょっとしたらこのまま死んでしまうかもしれない。もしこのまま死んでしまったら今日まで一体何のために生きてきたのだろうか？」。恐さと焦りで頭がいっぱいになり、もし自分が助かったら何をしようか？　と考えました。あの頃の色々な事情により行きたかった大学に行けなかった私でしたが、もし目が覚めたらもっと勉強がしたい！　いや、絶対にしてやる！　と心に誓いました。そのうち意識が遠のいたことを今でもおぼろげながら覚えています。その間、数十秒でした。

朝8時に執刀、夜8時に麻酔から目覚めた時、家族の顔・顔・顔。「私は生きていたのだ～！」叫びたいほどの喜びで涙が流れだしました。高知医大に継続入院になったにも関わらず、自分の学びたい大学探しに必死でベッドの枕元にはさまざまな通信制大学のパンフレットが山積みでした。ある日、外出許可をもらいふと立ち寄った公民館で机の上におかれていた放送大学の入学案内のパンフレットを見つけ、高知大学の中に放送大学の学習センターができたことを知り、飛び上がるほど喜び、早速翌日申し込みにでかけたことでした。その時はまだ腕を吊った状態でした。帰途、こんな私が勉強できるのか？　この高齢で果たして続くのかとても不安な気持ちでしたが、神から与えられたチャンスだと思い頑張ろうと決意しました。68歳の大きな決断でした。

ただ、入学することばかり考えていて、遠隔の自宅からの学習センターへの通学の不便さに思いが至りませんでした。はじめのうちは主人の優しさに甘えて送迎してもらっていました。しかし、面接授業などもだんだん面白くなり登校する頻度も多くなったので、やっぱり人頼みは不自由だと感じるようになりました。そこで一念発起し運転免許をとりました。それも年齢的に大きな決断でした。

私の座右の銘は「為せば成る、為さねば成らぬ何事も、成らぬは人の為さぬなりけり」。困ったり迷ったりしたとき自分の力づけになっています。放送大学では1回目に「生活と福祉コース」を卒業、ただちに「心理と教育コース」に再入学。これも無事卒業して、さらに来年から「人間と文化コース」に入学することにしています。このようにして、かれこれ15年の長きにわたり放送大学に学んでいます。これからも病院通いをしながら体の動く限り、年齢は考えずに「放送大学は私の生きがいです」の言葉通り頑張っていくつもりです。勉学に励む皆さんも色々と苦しいこと辛いこともあると思いますが努力は必ず報われます。頑張ってください。学習センターその他で私を見かけた時は是非声をかけてください。お友達になりたいです。これまでいろいろ指導してくださった高知学習センター所長をはじめ、事務職員の方々の優しく親切な対応ぶりは、私が勉学を続ける上で大きな支えとなりました。本当にありがとうございました。私のこのささやかな体験談が何かのお役に立てば幸いです。

【名前】上村加代子（うえむら・かよこ）

【年齢】83歳
【職業】元・保育園園長
【所属学習センター】高知学習センター
【学生種別】全科履修生（心理と教育コース）
【既卒業コース（年月）】生活と福祉（2010年3月）

6章　グランドスラムを達成して

グランドスラム達成後も学び続ける

本庄則子

私は思春期の子供たちの学習指導をする中で、疑問が湧いた時など自分自身の学習も兼ねて生涯学習教育センターの公開講座を時々受けていましたが、講座が終了するとそれきりで系統的な学習にはなかなか繋がりませんでした。ちょうどその頃、放送大学香川学習センターが香川大学経済学部の一角に開設されることを知り、「発達と教育」を中心に受講しました。

私の高校時代は大学進学を希望していたものの、それほど一生懸命に勉強に取り組むこともなく、「のほほん」と過ごしていたため受験にはみごとに失敗。一年間就職したのち不本意ながら短大に進学し、そこで基礎数学と計算機システムについて学びました。しかしそれ以来、自分の学習への取り組みの甘さがトラウマとして残っていました。私は、もともとマイペースでのんびりした性格なので、決まった枠の中に納まるのが苦手です。放送大学の学習システムは私にぴったりと合っていたため継続できたのだと思います。放送大学のカリキュラムはとても豊富で社会の変化に対応しているので、次から次へと興味が湧いてきます。私も自分のライフサイクルの中でその時々の興味・関心に応じて学習しているうちに、いつの間にか生活の一部となっていました。２００９年9月に香川学習センターで最初のグランドスラムを達成した私は、翌年3月にＮＨＫホールで行われた卒業式に初めて出席し、名誉学生の表彰を受けましたが、嬉しさの反面、私自身の努力と学習成果について反省するところもたくさんありました。

１９９１年に選科履修生として入学し、全科履修生に継続入学して現在に至るまで、仕事や家庭、両親の介護などを優先的に行っていたので十分な学習活動ができず、広く、浅い学びだったと思います。ただ、どんなに忙しくても教材を読み、レポートの提出と単位認定試験を受けることは欠かしませんでした。家庭では、期日までのレポートや試験勉強をしなければと焦ったり、試験後のミスを悔やんでいる私の姿が、思春期の息子にとっては母親も自分と同じ立場であるように見えて、共感したり、優越感や安堵感が持てたようです。

ライフサイクルの後半には、両親の介護をきっかけに福祉の現場で仕事を始めました。実務経験を積みながら「生活と福祉」を学び、実務と勉学のバランスを大切にしました。放送大学では実習等の単位が取れないので、社会福祉士や精神保健福祉士の受験資格を得るため、同時に専門学校での通信教育も受けました。受験の際に特別な勉強をしなくても合格できたのは放送大学での幅広い分野の学習成果だと思っています。

放送大学で学びを続けている人々の目的は様々です。日々の忙しさの中で自分への挑戦を続けて、仕事や活動へのスキルアップを目指している人、定年後に自分の興味ある学習を進め、一つのテーマを決めて深く研究しようと頑張っている人、学士の資格を目指している人、今まで専門としていた分野の他に新たな分野の学習をしたいと志している人など。学習センターに行くと世代に関係なく前向きの目的を持った方々と触れ合うことができるので刺激を受け、ちょっとなまけ心が出たときにも励まされます。

数年前、高校の同窓会に参加した折、3年間お世話になった物理を専門とする担任の先生が定年後、放送大学において「人間の探求」を学習されていることを知りました。新居浜市から松山の学習センターへ通うのが大変だと言われ、「学習センターが近いのでいいなあ」と、高校時代からのんきな私が、今もゆっくりと自分のペースで学んでいることを喜んでくださいました。自分に甘い私が長く続けられているのは、環境にも恵まれていたからだと思います。また、学習活動とともに学生サークルのお世話をされている方々には感謝で頭が下がる思いです。

メディアが発達した今、テレビやネット等からは溢れるばかりの情報が流れてきます。その情報から自分は何を選択し、どう判断していくのか、自分の考えをまとめていかなければならない時代です。最近は変化が速く自分の頭の中の知識もどんどん更新していかなければならない状況です。学びは社会生活の中で自身の視野を広げるとともに自己成長に繋がります。

私は、最近まで大きな病気もせず自分の気持ちに従って走り続けてきましたが、昨年、突然大病を患いました。それまでは仕事をする時、私の中では、できる限り相談者の気持ちに沿って傾聴し、受容を心がけているつもりでいましたが、反対の立場になって、自分が今どういう状態かを話しても的確に受け止めてもらえないことも経験しました。まだ体調不安はありますが、自分の今後を冷静に受け止めることができたのは、日々の学習活動のおかげだと思います。大学院の選科履修生になると同時に、２０１６（平成28）年度1学期からまた教養学部の「情報」コースに再度入学しました。今後も体力が続く限り、マイペースで歩んでいこうと思っています。

【名前】本庄則子（ほんじょう・のりこ）
【年齢】64歳
【職業】専業主婦
【所属学習センター】香川学習センター
【学生種別】全科履修生（情報コース）、修士選科生
【既卒業コース（年月）】発達と教育（1998年9月）、人間の探求（2001年9月）、生活と福祉（2003年9月）、社会と経済（2005年9月）、自然の理解（2007年9月）、産業と技術（2009年9月）

名誉学生表彰を受けて

大野久美子

２０１５年３月26日学位授与式で名誉学生として表彰して頂きました。１９９５年10月、放送大学に科目履修生として入学しました。末っ子が高３になり10年間のお弁当作りから解放される時期で、カルチャーセンターに入学するような軽い気持ちでした。当時は、高知にはテレビでの放送も届かず、学習センターに通うしか勉強する方法はありませんでした。科目履修生と選科履修生のみで全科履修生制度はなく、卒業をめざす２、３名は東京や神奈川の学習センターに所属していました。大多数の学生は「学びたい」という気持ちのみで通っていたと思います。19時まで開いていた再視聴室は夕方や日曜日は満室で、自分が勉強したい教材も手にすることができず１章から15章までを前後しながら視聴することもあったようです。

私はそんな中で１科目登録し週１回程度学習センターに通っていました。最初の単位認定試験は２月１日。子供の卒業式とぴったり一致しました。何も考えずに科目登録した結果です。次学期も科目履修生として入学、友人もできて学生生活を唯々楽しんでいました。やがて高知にも全科履修生制度が到来し、事務長の勧めで６年間入学金払う必要がない制度に惹かれとても不純な気持ちで全科履修生に編入学しました。ＣＳ放送で放送大学の授業も始まりましたが、まだまだ学習センターでの視聴とビデオテープとカセットテープの貸し出しがほとんどでした。その後1学期3、4科目程度登録し「単位は落とさない」「試験では1回で単位取得する」をモットーに学習しましたが、3科目ほど再試験を受けました。放送授業は全部視聴する。印刷教材は最低でも2回は読む。当たり前のことですが、これをしないで試験に臨むことは怖くてできませんでした。前夜は必死です。

２００3年まではフルタイムで、その後は月15日のアルバイトで現在に至っています。時間的には苦労もなく興味と好奇心のまま自専攻に関わらず色々な科目を学びました。２０００年には成行きで学友と2人で仲間を募りサークルを立ち上げ現在も続けています。その間大勢の仲間達との交流を通じて大きな心の財産を得ました。

唯、興味と好奇心のあることと、学習内容を理解することは一致しておらず、卒業を何回か繰り返しているうちに興味があるけど理解しがたいであろうと敬遠していた「自然と環境」に向かいあうことになりました。学生時代4年間神奈川学習センターで単位認定試験の試験官のアルバイトをしていた娘から「お母さんには物理、化学、数学の分野は無理。止めておくのが賢明」と言われていました。実際、60歳過ぎたフツーのおばさんには相当きついものでした。46、7年前に学んだはずの対数、微分積分、全部忘れています。というより当時も理解していなかったような気もしました。娘に数々の質問を電話やメールで送り呆れられながら計算問題に挑み苦しみました。計算問題を除けば内容はとても楽しくてウキウキしました。

２００２年３月に最初の卒業を迎えました。この時は舞浜のＮＨＫホールで学位授与式が行われました。勿論出席しました。学位授与式も単位認定試験も、面接授業も講演会も研修旅行も、サークルも飲み会も学生生活を楽しむアイテムの一つです。学位授与式は本部と学習センターの2回楽しむことができます。一人での出席で学習センターのどなたにもお会いしませんでしたが、会場は専攻科目ごとに席があり、謝恩会も専攻科目でのテーブルでした。各地の学生同士交流を図る場でした。他の学習センターのサークルの話、面接授業の様子等たくさんお話しでき数々の刺激をうけました。その後も学習センターの皆様のお世話になりながら何回か卒業しました。

「自然と環境」は3年間かかりました。アルバイトは続けていましたが、最後の半年は病気治療の都合で試験を受けることができず面接授業を1科目受講しただけでしたが、その1単位で卒業になりました。入学以来専攻コースの編成変更があり、現在私の履修した3コースは2コースになっています。最新の「情報コース」履修前に名誉学生の称号を受けるか否かの打診が大学本部からあり、喜んで受けることにしました。

学位授与式の3月21日は丁度その1週間が体調の良い周期に当たり出席できました。会場のＮＨＫホールでは卒業科目と住所の関係で最前列席でした。式後、控室で副学長より名誉学生1人1人直接学位記を手渡して頂き、そして、表彰状と楯も同時に頂きました。最高で感激の学位授与式でした。高知学習センターからも学習奨励賞として表彰状と記念品を頂きました。

２０１５年４月、「情報コース」に再入学しました。時間はたっぷりあります。じっくりと学んでいきたいと思っています。

【名前】大野久美子（おおの・くみこ）
【年齢】66歳
【職業】アルバイト
【所属学習センター】高知学習センター
【学生種別】全科履修生（情報コース）
【既卒業コース（年月）】社会と経済（2002年3月）、産業と技術（2005年3月）、人間の探求（2008年3月）、生活と福祉（2010年3月）、心理と教育（2012年3月）、自然と環境（2015年3月）

さらなる「情報コース」への挑戦

藤本芙佐子

「理解するとはどんなことか?」と質問され、私はとっさに「文章に出来ること」と答えました。すると後方席から「教えられること」の意見が出ました。そう答えた方はどうも教えていた経験がある方のようでした。情報コース面接授業、山田恒夫教授の授業を徳島学習センターで受けた時のことです。

私は5コース終了するころ情報コースはどの科目も難しそうだと思い、入学、卒業者の交流パーティの席で、つい「今度で辞めるかもしれない」と言うと、同じテーブルの人に「やめられんと思うよ」と言われました。3年前、情報の履修科目は少なく周囲は私の理科不得手を知ってか〝大変だよ〟というのみでした。理科は小学生の時、水の電気分解がわからない時から大の苦手と思い込んでいたのでした。つまり、人に教えられる程理科分野の内容を理解することは不可能な事でした。

5コース終了近くになり登録科目に余裕が有りましたので、情報の中で文系に近いと思われる「デジタル情報の処理と認識(’12)」を試しに取ると、Ⓐの成績でした。インターフェースという言語も知り情報コースが身近になってきました。

そのころ放送大学本部から、「名誉学生」にという案内をいただきました。その内容は、このままでも名誉学生になれるし、また情報コースを終了後でもよいとありました。このあと情報を学んでいく上の励みにしようと名誉学生は次へ回すと一旦返答しました。しかし、香川学習センターで同窓会の仕事の片づけをしていると「名誉学生を受領した方がよい」と山崎事務長さんからお言葉を頂戴し、すぐに放送大学本部へ連絡をしていただきとにかく名誉学生をお受けすることにしました。NHKホールの卒業式では名誉学生は入場口も別に設けられ　記念撮影のときは岡部学長先生に、控室では吉田副学長先生に「オメデトウ」のお言葉をいただき、これで情報コース学びへの意気込みが一段とアップしました。

科目のうち「コンピューターのしくみ」、「ソフトウエアのしくみ」は岡部学長先生の授業でした。先生ご自身のアメリカ留学体験を授業内容へ組み入れ、理解しやすく進めて頂きありがたく思いました。情報というと「1と0」の世界ということですが、これが「イヤ」だとしり込みする方もおいでかと思いますが、2進法は格別な事ではなく、10でひとつ繰り上がるのと同じで変わりないことだと思います。授業は、手回しの計算機（私は使ったことがあります）を駆動し計算し画面を通して学ぶわれわれに伝わるように言葉を選んで進めていただき、実に理解しやすい方法で教えていただきました。また、学生をアシスタントとして登場させて講義され、私は楽しく学ばせて頂きました。

「ネットワークとサービス」では主任講師、近藤喜美雄教授はこのうえない几帳面な授業内容で、大学の授業とはかくあるものかと感じ入りました。東京での卒業パーティでゆっくりお話ができ光栄なことだと感じ入りました。周波数と波長の区別も不明な自分でしたが、簡単な説明なら出来そうな気になりました。また、撚電線の内容も理解出来、電線扱いのとき八の字状に整理する方法も画面を通して理解できました。「映像メディアとCDの基礎」はやさしい口調ですが授業内容はたいへん奥深く、認定試験時にはカメラ好きらしい人が意外な試験内容に困惑していたようでした。

私のように全くCGを知らない者がガッチリ講義に取り組み真剣に勉学できて本当によかったと思っています。文字を介して進化することも多いですが、CGの世界は突飛な展開が有りそうに思われます。

情報関係の履修科目が少なかったためか、放送、面接授業の両方を教えていただいた先生もいらっしゃいます。またPC利用数の制限もあって出席者数も限定されたこともあります。このため先生のお言葉を「自分だけの為のように」貪欲に受け止め、休憩時間中もお話をすることができ良かったと思っています。

テレビ画面で拝見するより面接時の生の声をお聞きすると、尊敬の念が増し素敵なお方と思うことばかりでした。雪が降る1月、高知で「プレゼンテーションの理論と実践」を受けこれで情報コースも終了かと思うと寂しい気もしました。

全部終了した時、香川学習センター所長の大平先生から「放送授業は何単位取得しましたか？」と質問があり、一覧表を見ると、放送授業24単位、面接授業12単位で、取り過ぎたようでしたが本当に楽しいコースでした。

２０１６（平成28）年7月22日に上陸したポケモンＧＯにまとわりつかれそうな時です。知識を少しでも増やせば、このあともメディアの変化をより楽しめそうです。「楽しく、夢多い21世紀の科目」情報を、抵抗感をもたず皆様も是非とも受けられるとよいとお勧めします。必ず世界が広がります。

【名前】藤本芙佐子（ふじもと・ふさこ）
【年齢】78歳
【職業】専業主婦
【所属学習センター】香川学習センター
【学生種別】大学院修士選科生
【既卒業コース（年月）】生活と福祉（2005年9月）、人間の探求（2007年9月）、社会と経済（2009年9月）、自然と環境（2011年9月）、心理と教育（2013年9月）、情報（2016年3月）

7章　卒業研究・修士論文・研究活動

卒業研究に取り組んで

篠原知子

２０１３（平成25）年10月に放送大学教養学部心理と教育コース３年に編入した私は、認定心理士取得と大学院への進学を目標にしました。入学当初から卒業研究の履修を考えていましたので、平成26年６月に開催されたガイダンスに参加し卒業研究の履修に向けて準備を始めました。ガイダンスは、説明を聞くだけかと思って参加しましたが、香川学習センターの大平所長の説明の後、「履修を考えている方はこの後面談をするので残って下さい」と言われ、香川大学の有馬教授と大平所長とお話をしました。その時は、どのような研究をしようとしているのか、指導教員は本部の教員を希望するか、地元教員を希望するか、と具体的な内容を話され、思わず自分はとんでもない選択をしたのではないかと内心不安になりました。私は、できれば地元の先生による直接指導を希望していたので、その旨を話し、香川大学を中心に探していただけることになり、とても安心したことを覚えています。この間、所長は終始丁寧に説明され、私の不安を取り除こうと向き合っていただいたことに今更ながら感謝しております。

大平所長のご尽力により私の指導教員として、香川大学教育学部准教授の小方朋子先生からご指導いただくことが決まりました。小方准教授と、初めてお会いする時は面接授業の日程に合わせて頂き、これからの研究の進め方を話し合いました。私が仕事を持っていたので、毎月土曜日の午前中香川大学に通うこととなりました。まず、驚いたのが月に一度准教授にマンツーマンで直接指導頂けたことです。それも、履修は2015（平成27）年度4月からなのに、2014（平成26）年11月から直接指導を受けることができたのです。また、卒業研究計画書の指導もしていただき、テーマも行政に携わっていたことも考慮し「発達障害や併存障害により未就労となった青年の支援と行政の役割について」と決定しました。小方先生は、論文執筆の準備として、先行研究の論文を読む、調査の方法を考える、調査が必要なら年度内に終了し、2015年度は執筆を始める、と今後の見通しを教えて下さいました。私は、まだ履修届けも出していないのに直接准教授の指導を受けられることに驚き、きめ細かな配慮をしていだける放送大学の環境にも驚きました。

小方先生とは、月に1度の面接とメールでのやり取りで、論文の指導を受けました。調査方法は面接による聞き取り調査とし、直接企業、施設、行政に出向き、3月中には聞き取りを終了する予定としました。1月から調査対象の選択に取り掛かり、障害者雇用を積極的に取り組んでいる企業として「クックチャム」を、幼児期から就労までの一貫した障害者教育指導を実施している施設として「かがわ総合リハビリテーションセンター」を、最後に行政の取り組みと課題を明らかにするために障害者雇用支援を行なっている「ジョブあしすとＵＭＡ」を選択しました。2月当初から各事業所に連絡し趣旨を説明しアポイントメントを取りました。各事業所の都合もあり、3月中に調査終了の予定は、4月にずれ込むこととなりましたが、終了した事業所からまとめていくことで准教授の了承も頂きました。4月から調査内容をまとめて、6月から研究報告書の執筆に入りましたが、研究報告書の書き方にも慣れてない上に、どのように結論付けていくか等わからないことが先行してなかなか研究報告書を書き進めることができませんでした。今にして思えば7月から10月くらいの3ヶ月間は授業の試験勉強と、仕事の段取りで途中何度か挫折しそうになり、草稿を送ることができない時期もあり、本当に心が折れそうな日々でした。しかし、調査結果や研究報告書の進捗状況はメールで送り、小方先生からは添削して返信があり、きめ細かな指導を受けることができ、粘り強く指導して頂きました。「8月までに、下書きができれば大丈夫」と、挫折しそうになるたびに新たな目標を示して頂き、最後まで続けることができたと思います。11月3日の卒業研究報告書の締め切りに向けて、小方先生の指導を受け、推敲を重ね、何とか10月末に提出することができました。必要部数を印刷し、フラットファイルに製本した時は、卒業研究報告書とは名ばかりの拙い文章でしたが、安堵と達成感で思わず笑みがこぼれました。今まで向き合ったことのない卒業研究に向き合うことで、放送大学で心理学を学んだという自信を持つことができたように思います。また、先行研究やさまざまな論文により最新の情報を得る手段も学ぶことができたことは、今後の学習に役立つと信じています。

最後に、大平所長、小方准教授のご指導と放送大学で学ぶことができたことに、心から感謝申し上げます。これからは、大学院は受験できませんでしたが、大学卒業後も科目履修生として大学院で心理学を学んでいきたいと思います。私にとって得ることの多かった卒業研究に多くの方が挑戦し、放送授業、面接授業では得られない経験をして欲しいと思います。

【名前】篠原知子（しのはら・ともこ）
【年齢】62歳
【職業】公務員
【所属学習センター】香川学習センター
【学生種別】大学院修士科目生
【既卒業コース（年月）】心理と教育（2016年9月）

放送大学の春秋

戸梶美香

足かけ6年以上にわたった「なんちゃって女子大生生活」も、とうとう終ろうとしています。少女の頃憧れてかなわなかった「大学生」という身分を、50の手習いにしてはなかなか満喫したと思います。映画館や美術館、列車や高速バスも「学割」を使わせてもらったし、アマゾンやスマホの学割も利用しました。大学図書館や学食も堂々と出入りしましたが、たまに職員さんに間違われ、「やっぱり学生には見えないか」と少々がっかりしながらも、キャンパスを歩くのは、ほんとうにわくわくしました。

入学試験のない放送大学は、大学のうちに入らないなどと言う人がいます。いつだったかネットの中で心無い人に岡部学長が毅然と反論されたこともあったと思います。たしかに、入学には高い偏差値は必要ではありません。しかし、「みずから学ぶ」という姿勢がないと、卒業には辿りつけません。家事や仕事、育児や近所づきあいなど社会人には勉強以外に割かなければならない時間がたくさんあります。大学に行くことは自分のため以外のなんでもなかったので、そうした「本分」もこなしながらの勉強になります。

日曜日、洗濯や掃除をすませ、家人の昼食を用意したあと、薹の立った大学生に変身する。または、家人が寝静まったあとの台所でパソコンと向き合う。ああ、今回も十分には勉強できなかったなと反省しながら単位認定試験を受ける。その繰り返しの6年でした。それも、やはり家人の応援あってこそです。夫はもちろん、冷やかしながらも励ましてくれた子どもたち。なかでも、現役女子大生だった娘の存在は刺激的でした。机を並べて勉強し、「まだ覚えられないの？」と呆れられるのは、負けじ魂の発火点でした。

6年間で「良くぞここまで」と思うのは韓国旅行と卒業研究です。韓国語の講義で興味が増し、どうせならツアーでなく行ってみようと飛行機もホテルも自分で予約しました。仁川空港で文字通り右も左もわからずバスに乗り、地下鉄も体験しました。間違って注文した冷麺を、真冬のソウルでガタガタ震えながら食べたことは、今でも笑ってしまう良い思い出になりました。これでわかったことがあります。英語は中高6年間学びましたが、「ほんのちょっと読めて、しゃべれない」ままです。しかし、韓国語は逆に「ほんのちょっと喋れるけれども、ほとんど書けない」のです。考えてみれば、幼児は字を覚えるより先に話すことを覚えます。なんとか意志を伝えたい一心でしたから、書く以上に会話の方をがんばった。言葉というのは本来そうしたものだろうなということに気付いた旅行です。妹と娘との女3人の初海外旅行は、放送大学がきっかけでした。

もうひとつの卒業研究。これはほんとうに頑張ったと思います。ぼやーっとした思い付きを「研究」というところまでにもっていくのは、ソウルの地下鉄以上に「どうするんだ、わたし!?」な状態でした。でも、その初めての世界を力強く指し示してくださる先生に出会ったことは、研究の結論そのものに深く関わってくる体験でした。

わたしの研究のテーマは「青年の自立」です。青年が仕事や社会の繋がりの中でいろんな体験をし、自分の生き方を見つけていくのが自立だというのがわたしの考えです。そのプロセスに於いて必要なのが、モデルになる大人の存在だと思うのです。常に見守り、適度な距離を取りながら伴走し続けてくれる先達の存在は、迷いながら進んでいく道の上に欠かせないもので、多彩な体験を持つ集団も、青年の自立を促すと結論したのです。わたしが、自立した学びを果たすうえでモデルになり、伴走者であり、ランドマークでもあったのは、指導教官の森田美佐先生でした。恩師という言葉がまったくそのとおりだと思う先生です。先生のように、行く手をしっかりと示しながら、学生が自分の手で一つ一つのポイントをクリアしていけるような指導ができることが、彼らの自立を促す。自分が出した結論の追体験ができた、そんな卒業研究でした。

卒業研究は年頭に計画し、春から取り組み秋に終わります。森田先生の研究室で拙い持論を一生懸命説明していたのは、もう去年のことです。暑い夏でした。6年間の学生生活の、寒かった冬と暑かった夏。そのふたつが、今も忘れられません。55歳にしてやっと叶えた少女の頃の夢。夢見た甲斐はありました。

これから放送大学に限らず、挑戦してみたいことは年齢や環境を恐れないでやってみようと思います。常に上方に修正し続けていくことこそが、自立の萌芽であり、学ぶと言うことだと思うからです。

　最後になりましたが、学生生活で出会うことができましたたくさんの方々に、心から感謝を申し上げます。ほんとうにありがとうございました。

【名前】戸梶美香（とかじ・みか）
【年齢】55歳
【職業】看護教員
【所属センター】高知学習センター
【学生種別】全科履修生（生活と福祉コース）
【既卒業コース（年月）】生活と福祉（2016年9月）

ドン・キホーテは諦めない
―博士後期課程の挑戦と学び

福頼尚志

放送大学博士後期課程は「高度社会人研究者」「高度教養知識人」の育成を目的としています。設置からまだ日が浅く、学生は3期37名しかいません。後に続く人たちのために、まずは受験の話をしましょう。第1期は失敗例として、第2期は成功例として。

２０１１～２０１３年度の３年間、私は島根県庁で消費者行政を担当していました。総合行政を担う島根県庁では3年でまったく違う分野に異動するのが常。しかし、その職場を去る時、私には大きな心残りがありました。ある根本的な課題とその対策について、庁内の合意を形成し具体的施策とすることができなかった。でも、進むべき道は間違いなくこの方向にある。だからこそなんとかしてこの問題に道筋をつけたい――そんな思いでした。

悶々としていた異動直後の２０１４年4月、何気なく眺めていたサイトで放送大学に博士後期課程が新設されたと知った瞬間、「これだ！」と直感しました。社会科学の専門家に継続的指導を受ければ自力では到達できないレベルで緻密に政策の論理を組み上げることができる筈、そう考えると胸が高鳴りました。

時既に10月入学の第1期生の応募期限まで一週間あまり、慌てて願書を取り寄せて約8000字の提出書類を二晩ほどで一気に書きあげ、期限ぎりぎりで投函しました。つい先日まで自分の想いを学問として探求するなんて考えもしていなかったので、志望理由書や修士論文概要はともかく、研究計画は我流もいいところです。後日発表された応募状況は第1期定員10名に対し出願263名、つまりは26倍の競争率で、敢えなく一次試験で落ちました。

しかし幸いというべきか、直後に春入学の第2期生募集が予定されていました。学問に縁のない生活を送ってきたアラフィフの身で全国の能力ある志願者に太刀打ちできるだろうか、という不安もありましたが、胸の内の熱意がそれに勝り「3回まで受験しよう、3回落ちたら自分に博士課程で学ぶ能力はないのだと諦めよう」と考えました。研究計画を練り直して臨んだ第2期入試は11倍に下がり、どうにか拾ってもらうことができた次第です。放送大学本部で行われた入学式では、12名の新入生に向けて「大勢の受験生の中から博士論文を書ける人を選んだ」との訓示があり、身震いしたものです。

学部・修士と異なり博士課程は「博士論文を書くこと」が最大の命題です。論文執筆のために必要な語学力や基礎教養は自律的に培うものですから、敢えて受験では深く問われません(例えば英語科目は修士が短めの全文訳、博士は指示に沿った長文概要訳形式で、求められる資質の違いが現れているように思います)。その代わり決定的に重要なのが志望理由書と研究計画書です。論文試験も面接試験も、研究内容に関する受験生の知識と思索そして意欲が付け焼き刃の脆いものでないかを見極める内容です。逆にいえば、だからこそ私のように、幅広い基礎教養を欠いていても自分の研究テーマにとことん突っ込んでいくタイプにはチャンスがあるのです。

もうひとつ、研究内容と指導教官のマッチングも重要です。私は第1期受験で政治学の御厨貴先生を希望していましたが、2期では願書提出直前に経済学の坂井素思先生に変更しました。たまたま坂井先生の『社会的協力論』を読んで（自分のやりたいのはこの方向だ）と直感したからでしたが、先生がかつて消費者行政研究に関わっておられたと後日分かり、幸運な巡り合わせに感謝するほかありません。

博士後期課程には放送授業はなく、面接ゼミが中心です。指導教員の方針や受講生の居住地によってWeb会議システムなども利用可能ですが、私の場合は年に3〜4回程度、幕張または京都でご指導いただいています。取るべき科目の数も論文指導を除けば必修は3科目しかありません。まず自分の所属するプログラムの「特論」。社会経営科学プログラムの場合は4日間にわたり先生方が入れ替わり立ち替わりご自身の専門分野についてレクチャーされる形式です。非常に濃密な時間で、日頃仕事で使う頭脳とは違う部位をぐるんぐるんとぶん回す知的快楽はたまりません。それから主領域と副領域それぞれの「研究法」。各分野で確立された研究の技術・手法を学び、自分の研究モチーフへの適切なアプローチ方法を見出すものです。また、義務ではありませんが、修士課程のゼミに参加していろいろな人と議論をし、また学会発表を通じて建設的批判に晒されることが、自分の研究を独りよがりではない「学問」に高めるための良いトレーニングになります。

２０１６年に入り、私的な環境がふたつの大きな変化を迎えました。ひとつは研究にプラスの方向、もうひとつはマイナスの方向です。プラスは、４月の異動で2年ぶりに消費者行政部門に戻れたこと。仕事と研究の相乗効果が期待できるのは間違いありません。マイナスは、親が倒れたのを機に急遽実家の寺院住職を継いだこと。若い頃に僧侶の資格を取ってから30年近いブランクがあり、一からリハビリしつつ「信仰の現場」を守る活動をしています。結果的に三足の草鞋は、第1が県庁、第2がお寺、大学院は3番目となってしまいました。入学時点では想定していなかった状況で、研究の進み具合は極めて遅々としています。それでも学問を諦めるつもりは毛頭ありません。この道の先に、島根の消費者問題の確かな未来がある――そう信じていますから。

〔付記〕本稿は、２０１６年秋執筆時点の内容である。

【名前】福頼尚志（ふくより・なおし）
【年齢】51歳
【所属学習センター】島根学習センター
【学生種別】大学院博士後期課程社会経営科学プログラム

大学院を修了して得たもの

木谷早苗

専門学校を卒業し、作業療法士として老人介護施設に就職し10年近くが経過したころでした。以前より、放送大学教養学部に在籍し、日々の業務や勉学に振り回されながらの毎日を過ごしていました。この頃、国の高齢者福祉の政策として「介護保険」が導入されました。また、従来の、「困ったからみなさんに頭を下げてお世話になる」関係から、「自分の思いを鑑み、よりよい生活のためにサービスを選択し、自己決定する」関係に変化していく最中でもありました。このような背景の中、自分が今までどのような支援をしてきたのかを振りかえり、高齢者自身がご自分の思いを口にでき、これを実現させていくには何が必要なのかを考えることとなり、これまでの膨大な記録を整理し、必要な情報を抽出し考えをまとめる必要に迫られました。そこで、この無謀な計画を前にし、「研究方法と論文としてのまとめ方を教えてくれる」場と、仕事も続けていける環境を求めて放送大学大学院に目をつけたのでした。

入学試験は小論文と面接のみ、自分の思いを話せばきっと「合格」できると信じて受験し、入学の許可を得ることができました。職場には、利用者・家族の尊厳とプライバシーを守ること、論文を適時上司に報告することで理解と協力を得ました。また、家族には、時々ゼミのために宿泊を伴って千葉の本部に行く必要があること、論文・勉学のために家族との大切な時間を少し割く必要があることを話し理解を求めました。

そして、仕事と大学院生としての二足の草鞋を履く生活が始まりました。事前に科目履修生として在籍していなかったので、履修単位はゼロから、研究指導と放送授業を並行して受ける羽目になってしまいました。教科書は学部と比較して格段に難しく、読みこなすだけで精一杯、単位認定試験に合格するのは果てしなく難しいと感じました。自宅では、勉学の時間確保のため家事の時間を短縮し、学習センターでは図書を借り、放送教材を視聴し、職員の方に依頼して研究に必要な参考文献を集める作業を続けました。研究指導の場では自分が思いもよらなかったことを指導教授やゼミ生に指摘され、どのように進めようかと悩み、ゼミ生・上司・同僚に相談して何とかこなしている状態でした。

幸いなことに、上司は論文制作過程を見せることで論文執筆に理解を示してくれ、ご自分の休暇を使ってまで論文作成に付き合ってくれました。また、論文を読み、このような考え方もあったのかと私の考えも理解してくれ「このように表現すればもっと伝わる」と具体的に指導してもらうこともできました。同僚は「こんな資料見つけたよ」、「あなたの知りたかったことはこれ？」と研究材料を提示してくれることがたびたびあり、ゼミの日程に合わせて勤務の協力をしてくれました。家族は、たまたまパソコンに詳しかったこともあり、技術的なサポートをしてくれるようになりました。仕事や論文執筆の上で大きな時間的制約のある中、家事や団らんがおろそかになることを気にも留めず、さらに論文作成に協力をしてくれる存在になってくれていることには涙が出てくることもありました。ゼミは2か月に1回のペースで持たれ、そのたびにこの騒動は繰り返され、周りも私も疲れ切り永遠に続くかのように思われて、いっそやめようかと思うこともしばしばでした。これを思いとどまらせたのは、ゼミ生との交流と支援してくれる職場・家族であり、しだいに形になっていく「論文」でした。

論文発表・口頭試問の当日、緊張で心身ともに凍り付き、不安の中で参加しました。自分で決めた一つの課題をゼミ生・職場・家族と共に考え続け論文にまとめようとした2年間、こんな生活は今までにあったでしょうか。今までの努力と周囲の協力を思い起こし、必ず「合格」できると心に刻み、堂々と研究発表を行いました。その結果、合格修了の通知が来た時には腰が抜け、涙があふれて止まりませんでした。

今回、大学院修了で得たものは、自分の職場生活10年間をまとめる作業を「修士論文」という一つの形に仕上げることができたという充実感、そしてこれからの家庭・職場生活に自信を持って取り組んでいこうという覚悟でした。大学院生活は学部生とは違い、自分の考えをはっきりと持ち説明し、自分の周りの多くの人々の協力を得るという作業が不可欠でした。また、多くの資料等の中から本当に必要な情報を効率よく抽出し、自分の言葉にしてまとめ表現し発表することを経験しました。これらは今の家庭・職場生活の中でも生かされており、多くの生活課題に対処するときの大きな礎になっています。

【名前】木谷早苗（きたに・さなえ）
【年齢】42歳
【所属学習センター】香川学習センター
【職業】看護師
【学生種別】全科履修生（情報コース）
【既卒業コース（年月）】発達と教育（2006年3月）、生活と福祉（2008年3月）、自然と環境（2012年3月）、人間と文化（2014年3月）、社会と産業（2016年3月）
【既修了プログラム（年月）】大学院文化科学研究科修士課程総合文化プログラム（2010年3月）

学びを継続して大学院へ

品川隆博

２０１６年3月、東京のＮＨＫホールで行われた放送大学学位記授与式に参列しました。卒業生代表者の挨拶で、大変な環境の中での学びと先生との出会いにより、数十年かけて修了に結びつけることができたことを聞き、感銘を受けるとともにわが身の卒業の喜びを感じました。また、放送大学の度量の大きさをも感じました。

さて、私の放送大学での学びのきっかけは、定年退職してUターンした故郷の過疎化が進み、高齢者を取り巻く環境が厳しくなっており、集落機能の維持や高齢者の福祉についての不安を感じたことからです。そんな折、放送大学紹介パンフレットを手にし、放送大学島根学習センターを訪ね、大学の概要、学生募集について説明を受けました。平成23年の2学期に入学し、生活と福祉コースを選択して、福祉関係の知識を深めることを目標に生活時間を工夫して学習を進めました。

学習は、ＢＳ放送及び放送大学のホームページのインターネット放送を視聴しています。また、面接授業では、関心のある講義を選んで、中国地方内の学習センターに出向いて受講しているうちに、年齢幅の広い学生と交流でき、放送大学での学びのきっかけや目標とするところなど、人生訓を織り交ぜたものを学べる楽しさを感じました。学生の中には、つれ合いをなくした人、奥さんの介護に携わっている人、大きな手術をした人等、いろいろな環境の中で学習を継続されていることを知り、器の大きさを感じました。

こうして、学習を進めていく内に、生活習慣の中に放送大学の学習が定着すると、勉強が楽しくなり始めました。単位認定試験では試験に合格することが第一ですが、1か月前から印刷教材を読み返すことにより、知識の整理ができることに気づかされました。

2015年には、地域福祉に関する知識を高めることにより、過疎農山村の地域福祉の現状と課題を整理してみたい気が起こり、卒業研究を選択しました。指導教員は放送大学の田城教授で、ゼミの中で修士課程の学生と一緒に学び、先生の指導と修士課程学生からの卒業研究のアドバイスを受け、卒業研究をまとめることができました。学ぶことは、大学の単位を取ることだけに終わらず、自分の生活にも活かされることに気付き、自らの姿勢により、いかようにもできるものだと感じました。単位認定試験のための勉強から、やがて実地に活かす学習へと移行するとともに、学ぶ楽しさを実感し学習意欲がわきました。

田城先生からは、「研究テーマは地域づくりにもつながることから、更に研究活動を進めたらどうか」と温かい言葉を頂き、修士課程に挑戦しました。2015年度1学期までの大学卒業単位数が18単位を残しており、2学期はかなり厳しいものになりましたが、なんとか乗り切り、卒業単位数に達し、学部卒業と修士課程への目途がつきました。
２０１６年４月からは修士課程に進みました。オリエンテーションにおいて、主任教授が徒然草の第１２３段を引き合いに出して、地域福祉に求められるものを解説されたことには驚きました。教授の造詣の深さを知るとともに、学生はすばらしい先生方に支えられていることが分かりました。早々に徒然草の第１２３段「無益なことをなして時を移す」を調べてみると、人が必要とする４つの生活要素が次のように記されておりました。

人間にとって絶対に必要とされるもの、第一に食べる物、第二に着る物、第三に住む場所である。人間にとって大事なのは、この三つに過ぎない。飢えなくて、寒く無くて、雨風がしのげる家があるならば、後は閑かに楽しく過ごせば良いのだ。ただし、人には病気がある。病気にかかってしまうと、その辛さは堪え難いものだ。だから医療を忘れてはならない。衣食住に医療と薬を加えた四つの事を求めても得られない者を貧者とする。この四つが欠けていない者を金持ちとする。それ以上のことを望むのは、奢りである。この四つの事でつつましく満足するなら、いったい誰が生きるのに不自由を感じることがあろうか。

これを目にして、修士課程での学びや研究活動は、視野の広がりが求められることを感じました。

放送大学は「いつでも、どこでも、だれでも」学びの高みを目指せる大学で、ヨコに広げつつ深く学ぶことができるとされています。このことを銘記して放送大学での学びを続けたいと考え、修士課程においても引き続き、過疎農山村の地域福祉の現状と課題を研究テーマにしています。研究の成果をまとめることは、過疎農山村の地域づくりにもつなげることができ、一挙両得です。また、近江商人の「三方の利」に例えれば、高齢者良し、家族良し、地域良しにもつながると、大きな期待をかけています。今後、多難なことも予想されると思いますが、学びの楽しさを常に持ちながら学習を進めていきたいと思っています。

【名前】品川隆博（しながわ・たかひろ）
【年齢】65歳
【所属学習センター】島根学習センター
【学生種別】大学院修士課程全科履修生生活健康科学プログラム
【既卒業コース（年月）】生活と福祉（2016年3月）

修士論文の作成に取り組む

本井伝義則

定年を間近に、「これからは、これまでの会社人間一筋の人生から、のんびりと好きなことをして毎日を送りたい」と考え、59歳にして放送大学に入学しました。しかし、定年後も仕事をしながら、放送大学の受講は続け、特に面接授業は出来る限り受講しました。教科書での勉強と違い直接教えていただく面接授業は、最も有意義に感じられ、満足感が得られたと思います。仕事を続けていたため、受講は、「細く長く」と考えていましたが、卒業単位に達してしまい大学卒業となりました。

大学院に進みたいと思い、過去の大学院の入学試験問題を見ると、英語の試験もあり、大変だと思いつつ、まずは、大学院入試の説明会に出席しました。質疑の時間に、自分と同じように不安を抱いている方から、英語についての質問がありました。この説明会に放送大学本部から来られた先生から「まずは、やって見なさい、悪いようにはならないと思いますよ。」とのやさしい言葉があり、「何とも言えない受験の勇気を引き出してくれる神の声」のように響きました。そして、めでたく大学院に入学することができました。

ゼミは、1学年6名、2学年が5名、論文課題を選択した大学生が3名の計14名でした。論文の指導を受けるゼミは毎月行われ、隔月、東京まで出向き、東京や千葉の会場に1泊2日で出向きました。また、隔月に、遠方のメンバーは、東京や千葉の会場に行かなくても、パソコンを回線でつなぎ対応する体制が整えられていました。ゼミでは、論文課題の進捗状況を発表し、いろいろ指導を受けることになります。「何が判って、次に何をしようとしているのか?」、発表内容では「どれが調査した内容であり、どれが自分の考えか?」など容赦ない質問、指摘がされます。持ち時間30分程度しかありませんが、冷や汗の連続で、次のメンバーにバトンタッチするとやれやれとの思いでした。1年目のゼミでは、「何もありませんように」と祈るような気持ちで臨みましたが、いろいろ宿題を貰って帰る状態でした。しかし、2年目になると、提出期限が気になり始め、また、「遠いところから高い旅費、宿泊費を使ってゼミに来ているのだから、それなりのものを得て帰らなくては」と、積極的な気持ちに変化して来て、先生に、「こう思うのですが、どうでしょうか?」などと自発的に問いかけるようになっていったと思います。

修士論文の作成過程で最大の思い出は、2年目の8月だったと思います。論文題目を「……制度の有り方」として設定し、政府が実施したある経済政策の制度に対し、実施するならばこのような制度であるべきであり、「……制度を提案したい」と発表して来ました。ところが、8月のゼミで、「制度の提案は、自分の一人よがりな思いが優先しており、制度の提案は、あらゆる面から見て、落ち度なく検討され、なるほどと思えるものでなければならない。」と指摘されました。修士2年目の8月といえば、提出時期も迫っており、すでに論文の文面は、だいたい書き上げており、第4コーナーを回ったように自分では思っていました。

ところがここに来て、「新たな制度の提案は、容易に提案できるものではない」との指摘に、「これまでのゼミで、実施された制度の分析、評価に基づき、従って、このような制度で実施されるべきだと論文経緯を発表して来たではないですか、何で今になって、それはないでしょう」と、怒りが心に去来して何とも言えない絶望感を味わいました。「このまま広島に帰れない」との思いで、ゼミ後に必ず行われる交歓会で先生にもう一度聞いてみようと出席しました。「先生、このまま広島に帰れない思いですが、このような場ですみませんが……」と話しかけると、「そのためにこのような交歓会があるので、ゼミの延長に使っていいんだ。」と言われ、救われた気持ちで疑問をなげかけますと、「制度はそんなに容易に提案できるものではない。むしろ、君の検討して来た実施された制度の分析・評価をメーンとしてまとめ、今後実施されるとすれば、このような制度であるべきではなかろうかとアウトラインを提案するようにしたらどうか」とのコメントをいただきました。「何だ、構成を少し組み替えるだけではないか、あれほど絶望的な思いをしていたのに」と、嘘のような心境となり、ありがたい交歓会の場となりました。論文は、構成一つで大きく様変わりする恐ろしさを認識させられました。論文のシナリオを作成し、構成に沿って、小項目毎に文面を作成していたので、組替に殆ど時間を要することなく、無事、論文をまとめ上げることができました。

【名前】本井伝義則（ほんいでん・よしのり）
【年齢】70歳
【職業】無職（２００６年　マツダ（株）定年退職）
【所属学習センター】広島学習センター
【学生種別】大学院文化科学研究科修士課程全科履修生
【既卒業コース（年月）】社会と産業（２０１２年９月）
【既修了プログラム（年月）】大学院文化科学研究科修士課程社会経営科学プログラム（２０１５年３月）

尊敬する教授との出会い

柴田洋子

放送大学大学院を修了して思うことは、良い教授に恵まれたということです。教養学部に入学したての頃、ある教授から放送大学に入学した動機と目標を聞かれました。そして「私の俳論を仕立てたい」という生意気で話下手の私の話を教授は丁寧に根気よく聴いて下さいました。何よりも10年たった時にこの話を覚えていて下さった事に感激しました。そう、私は教養学部を卒業するのに8年を費やしました。そして、ここ2年間の大学院での修士論文への取り組みは、卒業研究と同じ島内裕子教授に一貫して指導を受けることができました。卒業研究に取り組む前は、これが私の集大成の論文と思っていましたが、終えた時にはようやくそのスタートラインに立てたのだという思いを強くしました。早速、大学院での修士論文で今度こそと意気込んではみましたが、修了した今、私の考え方がいかにおこがましいことであるか気付かされました。今後、研究を継続し積み重ねていくための再スタート地点に立てた思いがしています。

荒唐無稽な私の話を現実的なものに導いて下さった先生。段階的に根気よく導いて下さった先生。私の尊敬するこのお二人の教授は、今もご自身の研究論文を発表し続けておられます。

もちろん内容は、先生方の足元にも及びませんが、私自身の論文をこれから積み重ねて行きたいと思っています。

【名前】柴田洋子（しばた・ようこ）
【年齢】65歳
【所属学習センター】岡山学習センター
【既卒業コース（年月）】人間と文化（２０１２年３月）
【既修了プログラム（年月）】大学院文化科学研究科修士課程人文学プログラム（２０１５年３月）

研究活動の継続を求めて

坪郷浩一

「悩むこと」と「考えること」は、似て非なるものです。「悩む」ことは、思考や行動を停止させます。一方、「考える」ことは、問題を解決する手段として非常に有効です。しかしながら、人間の頭の中では、よく「悩むこと」と「考えること」が混在しています。これは、まさに「人間の無知」からくるものです。わかりやすい言葉に直すと、自然科学、政治、経済および歴史などを幅広く知らないからです。「考える力」は、その人が持っている知識によって支えられています。この力は、幅広い「教養」および「博識」を源泉としています。まさに、放送大学で学習することは、「考える力」を身につける手段なのです。この得難い力は、家庭、企業および地域活動などに活用できます。

しかしながら、大病を患うまで私は、自分の力を過信して不勉強の日々でした。不真面目な行動を続けた結果、仕事に行き詰り閉塞感から心と体のバランスを崩して、大病を患いました。その後、体調が回復せず前職を不本意ながら退職しました。気持ちは、失意のどん底にあり何もする気力がわかず、放送大学入学前は、心は闇に包まれ行き詰って、ただ漠然と日々を過ごしていました。
自宅と図書館との往復の毎日を過ごし、多くの本を読んで、幅広い「教養」を身につける大切さに気付かされました。そんなある日、このままでは状況が変わらないと思い、もう一度、学び直そう考え、2014年10月、放送大学山口学習センターの門を叩きました。週に2、3日は山口学習センター（SC）に通い、自主ゼミの先生との対話やラウンジでの学友との談笑の中で、客員教員の先生、職員の皆さんや学友の優しさに触れて前向きな気持ちを取り戻すことができました。放送大学で学んでおられる皆様は、志が高く、知性に溢れる方ばかりです。私は、客員教員の先生や学友と接する中で、自分の知らないことや分からないことを学ぶことができ、自分自身の成長につながっていると感じています。

私のやりたいことは研究活動の継続です。放送大学に入学して、客員教員の先生から論文作成の方法や、研究を遂行するための考え方や基本姿勢などを改めて勉強することができました。加えて、放送大学の放送授業や面接授業を受講することで新たな知識を補完することもできました。これまで放送大学の学生として、国内学会5件、国際学会2件の研究発表をすることができました。さらに、学会年会費や参加費が学生扱いとなり経済的負担も軽減されました。また、放送大学内の研究活動として数値計算研究発表会（第1回文京SC、第2回千葉SC、第3回愛知SCで開催）の主幹事を自ら進んで引き受けました。この研究会は、発表者および参加者の研究能力向上に役立つと考えています。これらの活動を継続することで、研究に対して新たな着想などを得ることができました。

そうこうしている内に、山口県内の企業の方から共同研究のチャンスをいただき、再び研究者としての道が開けて来ました。また、山口大学工学部の先生から土木系ＮＰＯ設立のための事務局を担当してほしいと依頼されました。これらの研究活動に関与することにより、数値流体工学分野のみならず、土木、環境、水産分野へ研究領域を広げて行きたいです。これまでの学問の古い体系にとらわれず、関連の深い機械、資源、化学、農学などの分野の諸問題を解決でき、国際的に活躍できる研究者になりたいです。そのため私は、明るい未来に向けて放送大学を「考える力」および「教養」を修得する場として、私自身の知性を育んで行こうと思います。

【名前】坪郷浩一（つぼごう・こういち）
【年齢】39歳
【職業】研究者
【所属学習センター】山口学習センター
【学生種別】全科履修生（自然と環境コース）

放送大学と「縮小社会研究会」

小川正嗣

私と放送大学との出会いは、2007年頃にまでさかのぼります。当時、私は一度大学をやめ、次は何をしようかと考えていた時期でした。まだ勉強をしたい気持ちはあったのですが、大学をやめてしまった反動でなかなか前に踏み出すことができずにいたのです。そんな時、私の従兄弟が放送大学を紹介してくれました。しかし興味を持って話を聴いてはみたものの、その時の私は「やはり通学制の大学へ通った方がいいだろう」と思い、放送大学へは入学しませんでした。

その後、念願叶って私は二度目の大学へ入学し、勉強をしました。しかし人と上手くいかず、私はまたしても大学をやめることになってしまったのです。勉強をしたい気持ちはあるものの、一度ならず二度までも大学をやめてしまった私は、日々思い悩みました。そんな時、かつて従兄弟に紹介された放送大学を思い出し、私は放送大学に挑戦してみようかと思い始めたのです。

放送大学の学生の区分は、以下の三種類があります。卒業を目指す全科履修生、一年間だけ勉強をする選科履修生、半年間だけ勉強をする科目履修生です。私は既に放送大学のシステムを従兄弟から聴き少し知ってはいたものの、それまで通信制の大学は未経験でしたので、いざ自分が経験するとなると不安がありました。そこで試しに、期間が半年間に限られる科目履修生として入学をしました。２０１２年の９月のことでした。

放送大学は、実に様々な科目を自由に履修できる大学です。そこで、科目履修生としての半年間は、分野にこだわらず自分が関心のある12科目を履修しました。これは自分にとっては少し控えめに履修したつもりでした。何故ならそれより以前の大学では、毎日3～4科目を履修しながら週に5日通っていましたので、毎週15科目以上の勉強をしていたからです。しかし控えめに取ったつもりが、その判断は私にとって間違いでした。放送大学で勉強をすることは、予想以上にハードだったのです。

放送大学はテレビやラジオやインターネットに加えて、各都道府県の学習センターやサテライトで自分のペースで勉強できる反面、自分で勉強していかなければ前には進みません。もちろん、どの大学の講義でも同じことが言えますが、何らかの理由で大学を休んでも、講義自体は勝手に終わっていくのが普通です。しかし放送大学では講義自体を自分で進める必要があるのです。

さらに理解ができない部分があったとしても、その疑問をその場ですぐに解消できる対面型講義とは違い、放送授業では自分が理解できるまで参考文献やインターネット等で情報を収集し、考えなければなりません。それにつけ加え、対面型授業とは違いレジュメの配布もありませんので、私は自分でノートを作り、講義の要点をまとめることにしました。これらをしっかりやると、私の場合は1科目にかかる時間は2～3時間以上となりました。

ペース作りに苦労しながらも私はなんとか最初の半年間を終え、２０１３年4月に学生の区分を全科履修生へと変更することにしました。半年の間に感覚を掴み、この大学で勉強していこうと決心したからです。

ちょうど同じ時期、私は「縮小社会研究会」という団体を見つけました。その団体では今後の世の中の姿を予想し、どう人類が行動すべきかを大学の教授らが中心となり模索していたのです。小さな頃から世の中に関心があった私は、放送大学でも自分の関心に沿った科目を履修していましたが、同じ関心を持ち研究をしている方々と出会えたことに感激し、そこへお邪魔するようになりました。そしてたくさんの先生方と出会いました。この出会いが勉強のみならず、私の人生を充実したものに変えていきました。またこの団体を発見したことも、私が放送大学で勉強をしていこうと決心する一因となりました。

「縮小社会研究会」の研究は私たちの生活にも関係があることですので、少しご紹介します。大きなテーマはその名が示す通り、世の中の成長拡大路線からの脱却、すなわち縮小です。何故そのようなことを考えるのかと言いますと、世界中の資源やエネルギーが少なくなってきているからです。今の世の中は化石燃料に頼り切った社会ですが、多くの研究機関の調査により、その可採可能年数はそう長くないことが判明しています。今のまま毎年社会全体の消費エネルギー量が増えていくと、ますます世界のエネルギーが底をつくのを早めるばかりです。そして最後には戦争が起こると思われます。そういった危機的な状況を回避するために人類に求められる行動は何か、という問題関心がこの研究会の会員全員に共通しています。「縮小社会研究会」はあくまで社会のグランドデザインを提案することが目標であるため、実際の研究会の話題は多岐に渡ります。今の我々の社会は、実に様々な検討しなくてはならない課題を抱えているのです。

こうした団体であるが故に、毎月の研究会に出る度に色々な専門分野の多くの先生方と意見を交換し、新たな発見がありました。研究会では学術的な話題が出るのですが、放送大学の授業で近い分野を受講していたこともあり、ついて行くことができました。

自宅で放送大学の学習を進めることはそれまでより大きな意味を持つようになっていきました。自分の疑問や関心を深めるためだけではなく、研究に積極的に参加していくために頑張って勉強する必要が出てきたのです。私は勉強がより一層楽しくなりました。努力の甲斐あってか何度か講演をさせて頂き、先日は先生方と共著で小冊子を出させて頂きました。そして２０１６年３月に私は放送大学を卒業しました。

また、「縮小社会研究会」は高齢の先生方が中心となっているにも関わらず、勉強以外の面でも私のような若輩者を歓迎して下さる場所でした。私は今後も研究活動を続けます。良い目標へ導いて下さった先生方には感謝の念が尽きません。

【名前】小川正嗣（おがわ・まさし）

【年齢】32歳

【所属学習センター】岡山学習センター

【学生種別】大学院修士課程選科履修生

【既卒業コース（年月）】社会と産業（2016年3月）

学習センターで学びつつ教えつつ

藤江義輝

放送大学（教養学部）は、全国の学習センター等において「面接授業（スクーリング）」を実施しています。面接授業は、直接教員から指導を受ける機会として重要であるばかりでなく、学生相互の交流・啓発の場となっていて、非常に楽しい学びの場です。

私は、面接授業の講師として2回、愛媛学習センターで「愛媛のライフサイエンス」、「愛媛のライフサイエンス２」を担当する機会を得ました。放送大学の面接授業は、通学制の大学ではあまり見かけないスタイルで、担当講師が自らの経験を踏まえて、地域の魅力を直接講義できるだけでなく、幅広い年齢層の受講生が交流できることが魅力です。

初めて担当した２０１４年度第１学期開講の「愛媛のライフサイエンス」においては、放置竹林の問題に焦点を当てた「竹」の話題とスイーツとしての注目が高まった「柿」について、２日間講義をしました。「竹」の話題では、竹紙、竹炭焼、エジソン電球、干しタケノコを教材として、実際に紙漉や炭焼きの実習を行い、干しタケノコのアミノ酸成分についてニンヒドリン反応を実習しました。竹紙の紙漉は、紙漉キットを用い、牛乳パックのパルプとあらかじめ用意した竹パルプを混合して紙漉しました。竹炭焼きは、愛媛学習センター前の空き地で受講生と一緒にジュースのアルミ缶を用いて、細く切った竹、割り箸、松ぼっくり等を入れて、炭が焼けるまで説明や質問に答えながら炭焼きを行いました。干しタケノコは、山陰、九州、四国の道の駅でよく販売されますが、まだ、季節ものなので知名度は高くなく、受講生の半数近くが初めての食材と逆に教えていただきました。

「柿」については、柿渋をうちわに塗布したり、渋染めをおこなった後で、渋抜きのメカニズムを講義して干し柿の評価を考察しました。渋抜きの方法は、昔ながらに干し柿と焼酎で抜くと答えた受講生が多かったですが、近年、ドライアイスで渋を抜いた渋柿が市場に9月初旬頃から出回る話をすると、一同、驚きを隠せないでいました。

2回目の2015年度第1学期では、「愛媛のライフサイエンス2」において、「七折小梅」を扱い、「食」の多様性を考察する講義を展開しました。「梅ジュース」、「梅干し」を試作して受講生と意見交換をしながら講義が進んでいったのを記憶しています。ブラジルの海外梅事情なども紹介し、食文化に関する討論もできました。梅ジュースの酸度分析（中和滴定）、梅干しの塩分分析（沈殿滴定）を交替で実施しながら、化学分析もできました。受講生からは、「七折小梅のブランド化は、地元の生産者の苦労のたまもの」、「塩分が控えめといった商品が市販されているが、実際に分析してみてよく分かりました」という感想も寄せられました。

近年は、健康のため減塩にして市販されている梅を見かけますが、塩分濃度が原材料比10％

以下であるとカビが生えやすいという話をしたら、「現代人は、ギリギリのところで美食を求めていますね」という感想が聞かれ、妙に納得した次第です。

講師としての面接授業への関わりは2回ですが、実験・実習に必要な機材はすべて持ち込みだったので、愛媛学習センターの講義室で可能な内容を絞り込んでいく作業は、大変でした。特に、実習で試作したものを受講生が持ち帰って、後日、自宅等で振り返りができる内容を模索したので、充実した3年間となりました。

【名前】藤江義輝（ふじえ・よしてる）
【年齢】50歳
【職業】愛媛県立東温高等学校教師
【所属センター】愛媛学習センター
【学生種別】大学院修士課程選科履修生
【既卒業コース（年月）】自然の理解（2001年3月）、情報（2015年3月）
【既修了プログラム（年月）】大学院文化科学研究科修士課程総合文化プログラム（2004年3月）

8章　サークル活動をとおして

サークル活動をとおしての自立的学び

土居房子

数年前の大河ドラマで「遊びをせんとや生まれけむ」という歌を聞いて以来、学びも遊びなのだと考えました。子どもが純真に遊ぶ心を忘れず楽しみながら学ぶ。これをなるべく忘れないよう、残された活動期間を豊かに過ごしたいと思っています。

「今日、用（教養）がある」「今日、行く（教育）ところがある」という言葉は、高齢者のボケない暮らしの知恵だそうです。「今日の用は放送大学に行って教育を受け教養を積む」ならば、年を取っても贅沢な時間を持つことができます。そして、これらの遊びをほんのちょっとだけ、何かに反映することができたら、小さな感動のおまけがついてきます。

私は特にサークル活動の中で小さなおまけをたくさんいただいています。多様性のある会員で成り立っているサークルの運営は時に困難がありますが「発達と教育」「生活と福祉」「人間と文化」を学習するうち、サークル活動は机上の学びの実践であると思うようになってきました。サークル4代目の代表として長期が過ぎ、譲りたいと強く思っていた時期もありましたが、今は時間のある我々世代が世話人になることでお役に立てることもあると思っています。

そのような考え方の根本には岡山学習センターの2年間があります。人生にやり残した勉学にいそしむ、よりよいボランティアになることを掲げて入学を決心したものの、通信制は孤独な勉学だろうから続くはずはないと思い込んでいました。入学したその日、見事に裏切られクラブデモを見た内の一つに入会し、その後もう一つに入会、次期には科目履修生から全科履修生に移行しました。岡山学習センターではサービス精神旺盛な遊び心のある方達とのたくさんの出会いがありました。充実し楽しかったので、広島に移った時はショックを受けたほどでした。

その当時岡山にはなかった土日の特別講義は広島の良いところでしたが、学生はまじめな感じでしたが交流が少ない気がしました。岡山学習センターの「赤レンガフォーラム」では先生と肩を並べ、体験や研究したことを発表する学生の姿に目を見張ったものです。また、修学旅行、研修旅行と銘打った海外旅行をお世話して下さる学生がいて、どちらにも参加しました。

広島に移ってすぐ、英語の面接授業で宿題を教えあった数人と何とかしなくてはという話になり、サークル立ち上げの希望をとるノートを回しました。40名ぐらい中18名が署名され、創部のきっかけになりました。創部して約12年になります。岡山学習センターで受けたサービスの数々をヒントに活動してきました。運営の参考に、岡山のサークルにも10年ほど会費を払い続け交流もしました。よりよいコミュニケーションを模索して教養講座を主催し、活動に参加できない人のためにMLで講座報告したりすること等を取り入れました。「できることをできるときにできるだけ」という合言葉も生まれ、得意な分野で力を発揮する会員にも恵まれました。

昨年（2015年）の原爆記念日には若い会員のリクエストもあって、2回目の平和のサイン集めを平和公園で実施しました。サインしてくださった外国の方に学習センター事務室から提供いただいた、団扇、ティシュと共に、折鶴、広島平和の歌の楽譜を放送大学の袋に入れてお渡ししました。スイカの団扇は特に人気があったようです。微力ながら放送大学を世界に発信できたと参加者一同盛り上がりました。

2004（平成16）年当時のセンター長が「素晴らしい研究をした学生がいるが発表の機会がない」とおっしゃり、ならばまず私たち学生に聴かせて欲しいという思いが生まれ、ずっと頭に残りました。2007（平成19）年、私は初めて卒業研究に取り組みましたが、当時は今のようなきめ細かいフォローがなく、担当の先生に直接会って指導を受けたのは2回だけでした。口頭試問では副査の先生から意味の無い分析であると指摘を受け敗北感で一杯でした。発表会の必要性を感じサークル主催で出来ないかと模索しましたがまとまらず、当時のセンター長にお願いしました。このことが今につながって二度目の研究では雲泥の差がある指導を受けました。口頭試問は本部で発表するという形式を選びました。各学習センターから参加した学生全員が暖かい言葉をいただく和やかな発表会でした。反省点の指摘も勉強になりました。学習センターでの発表の方が厳しかったですがそれもよしです。

入学した頃の通信課題記述式は「もう少し」という評価ばかりでしたが、ある時「よく書けている」という文字を見ました。学び続けると知らないうちに進歩するのだと実感した瞬間でした。今や広島学習センターも学びやすい環境になりました。多様性のある学生の学びをどう支えるか模索して下さっている先生方、事務室の方々のお陰だと思います。それにも増して大切なのは、自分にあった学び方を選択し充実感を得ようとする学生の心意気にあると思います。

【名前】土居房子（どい・ふさこ）
【年齢】69歳
【職業】主婦
【所属学習センター】広島学習センター
【学生種別】全科履修生（人間と文化コース）
【既卒業コース（年月）】発達と教育（2008年3月）、生活と福祉（2013年3月）
【取得資格】認定心理士、エキスパート（次世代育成支援、福祉コーディネータ、心理学基礎）

みあげてごらん！

清水道代

わたしが「放送大学」に出会ったのは１９９９年12月のことです。通信制大学についてはいくつか知っていましたが、「放送大学」なんて聞いたこともありませんでした。なぜ大学の名前が「放送」なのか、運営はどこか、怪しくないのか…？　書店で偶然見つけた印刷教材を手に取りながら、「放送大学に入学したら、本当にこの講義を受けられるの？」「卒業したら「学士」になれるの？」と、胸が高鳴りました。

前述の疑問を払拭するため、入学案内に記載された鳥取学習センターを訪ね、事務室の方から説明を受けて疑問は解消し、その場で入学を決めました。選択した専攻は「自然の理解」。期待と不安が交錯する中、入学までの数か月間は、高校の理数系科目を復習しながら不安を打ち消し、期待で胸を膨らませていました。２０００年4月、わたしは放送大学生になりました。

当時は、以前から健康に不安を抱えていたため、病状が悪化するまでに卒業したいという思いが強く、また、高校のとき進学を目前にしながら病気を理由に進路を変更せざるを得なかった悔しさもバネになり、急かされるように単位を取っていきました。一方、仕事・家庭・通院というトライアングルの日常に、新しく「放送大学」が加わり、生活に「ハリ」と「目標」が生まれ、鳥取で普通に生活しながら勉強できることに感謝していました。勉強方法についてはとにかく、印刷教材を読み込みました。印刷教材で予習をし、録画した放送授業を見て、印刷教材で復習。週末は学習センターに通い、ＣＤとＤＶＤの視聴や専門書を読んで過ごしました。半年ごとの試験を乗り切るため、より健康管理に気をつけるようになりました。その頃、鳥取学習センターのあった湖山は環境がよく、湖山池のほとりを散歩するなどして、気晴らしをしました。視聴室の大きな窓からは、鳥取空港に離着陸する飛行機を見ることもできました。

授業はどれも興味深いものの、テレビの向こうの先生たちは、わたしが上の空でも居眠りをしていても、淡々と講義を進められます。聞き逃して巻き戻しをしても、退屈して早送りしてもお構いなし。「いつでもどこでもひとりで」勉強できるメリットはありますが、もともと怠け者なので、学習意欲を維持し続けることには限度がありました。しかし、放送大学には「面接授業」があり、そこで講師の先生や他の学生さんたちと一緒に授業を受けることで刺激を受け、充実感を得られました。また、先端をいく専門的な講義を講師の先生方から直接受けられることは、面接授業の醍醐味と言えます。そうとはいえ、面接授業、放送授業、印刷教材だけの学習では物足りなさを感じました。

面接授業を受けたことのある先生が、週末、客員として学習センターに来られていたので、意を決し、学習相談を受けるため客員教員室のドアを叩きました。面接授業と違い対面で学習指導を受けることとは、望んだこととはいえ、最初は緊張を超えて恐怖でもありました。仕事・家事と勉強の両立には苦労しましたが、それ以上に学習指導の日が楽しみで待ち遠しかったのは、それが「生きた教育」だったからだと思います。英語と地学のお二人の先生から指導を受けましたが、どちらの先生も厳しく、あたたかく指導してくださいました。短い間でしたが、「放送大学に入って本当に良かった」と心から思いました。

１２４単位を取得し、２００５年３月に「自然の理解」を卒業しました。晴れて学士となり、「さらば放送大学！」と思っていましたが、周りの勧めで「再入学」しました。でも、自然系にしか興味がなかったので、卒業してコースが変わるとやる気がなくなりました。転機が訪れたのは２００８年４月。以前、学習指導を受けた西田良平先生が鳥取学習センターに所長として就任されたのです。眠っていた学習意欲が目をさまし、自然系の「エキスパート」を４つ修得しました。

ところで、鳥取学習センターには実験室や実習室がありません。それをやりたいと思っても、設備がないのです。誰かに頼んでどこかを借りなくてはなりません。それは多くのセンターでも同様だと思います。でも、仕事や家事をしながらでは無理があります。「なんとかならないだろうか」と、もどかしく思っていました。そんな頃、西田所長の面接授業を受けたことがきっかけで、自然の中で学習をすることを思いつきました。西田所長に「ジオ部」立ち上げの相談をし、２０１１年９月21日、放送大学鳥取学習センターにサークルとして、地球の大地を学ぶ

「ジオ部」が誕生しました。キャッチフレーズは「ジオ、実感！」。

　このサークル活動は、ユネスコに認定された「山陰海岸ジオパーク」という、他に類を見ない環境に所在する鳥取学習センターの特徴を生かし、各回にテーマを決め、鳥取学習センターに所属する学生が自発的に集い、主に野外で学習しています。鳥取砂丘での「日食観察会」に参加し、早朝の砂丘に立って欠けていく太陽を観察したり、湯村在住の学生坂本さんを中心に実際に湯村温泉に出かけて98度の源泉を利用した「温度差発電」実験や「ゆで卵づくり」をしたり、用瀬町赤波渓谷「甌穴」などの地形の観察、鹿野・吉岡断層巡り、海山清き岩美町を探訪して日本海形成から現在までの地史・歴史に触れるなどなど、実験室などでは得られない体験を共にしています。

　２０１６年４月に発生した熊本地震に際しては、鳥取学習センターと協力して募金活動を行い、被災された熊本の仲間たちに心を寄せるとともに、元所長西田先生を講師にお迎えして熊本地震に関する公開講演会を開催し、地域の人たちと共に地震・防災について学習しました。また、「ノルディックウォーキング」のサークルとコラボして、多鯰ヶ池・鳥取砂丘をウォーキングするなど、鳥取学習センター所属学生の皆さんと余暇を楽しんでいます。

「あまたの星々の中のこの地球にあって、われらは学ぶ、世界を、自分を」というフレーズで、放送大学学園の学歌は始まり、全国各地の学習センターで歌われています。「みあげてごらん、夜の空を」。そこは深く広く、あまたの星々が瞬いています。大地に立って夜空を見上げ、星と星を結んで星座を夜空に描いた先人たち。言葉や文字を生み、作物を生産し、様々な技術や習慣、文化を育んできた人類の歴史。長い年月を有する地球、そして宇宙。わたしは、放送大学の科目やサークル活動などを通じて「自然」と「人」について勉強しています。そして、学歌の歌詞に込められたメッセージを受け止めながら、これからも自分のスタイルとスタンスで、学び続けて行こうと思います。

【名前】清水道代（しみず・みちよ）
【年齢】48歳
【所属学習センター】鳥取学習センター
【学生種別】全科履修生（情報コース）
【既卒業コース（年月）】自然の理解（２００５年３月）、人間と文化（２０１４年３月）、生活と福祉（２０１６年３月）
【所得資格】放送大学エキスパート（宇宙・地球科学、生命人間科学、環境科学の基礎、自然系博物館活動支援）

学びの広がり

土谷和生

「数年前、職を辞して放送大学に入学しました。勉強をするに従って、何も知らなかった事に愕然としました。試験のあの心地好い緊張感。老いて初めて知る学びの喜び。本当にすばらしい時間を過ごすことができました。その中で生れた「風土記を歩く会」「サークル俳句」は卒業した今も楽しみの一つです。」

これは、10数年前にある高齢者団体の記念誌に書いた私の「老いを楽しむ」という文章の一部ですが、今も変らぬ思いです。

ここに書いている「風土記を歩く会」も「サークル俳句」も2000年に発足したものです。「サークル俳句」は今も「八雲句会」として存続していますが、「風土記を歩く会」は会員の高齢化により昨年残念ながら閉会となりました。この会は今残っている常陸・播磨・出雲・肥前・豊後の五風土記の中で唯一完本風土記である『出雲国風土記』を歩いて勉強しようという会です。『古事記』の神話伝承地や、出雲に残る「たたら遺跡」を歩いています。考古学に詳しい方はご承知のことと思いますが、358本の銅剣が出土した出雲市の荒神谷遺跡、39個の銅鐸が出土した雲南市の加茂岩倉遺跡、「卑弥呼の鏡」と言われている「三角縁神獣鏡」が出土した雲南市の神原神社古墳など、風土記とは直接関係はないものまで、古代出雲の神跡遺跡なども歩きました。『出雲国風土記』、たたら（鉄）、銅剣、銅鐸などみな出雲が誇るものです。なにか文章に纏めておけば良かったのにと今は思っています。

「サークル俳句」では「八雲」と題する合同句集を2003年と2008年に上梓いたしました。会員の変動はありますが、常に10名前後で楽しい句会を続けています。この合同句集には俳句の他に会員のコメントを載せています。その中で私は次のように書いています。

「……若い頃は専ら本を読むことぐらいなものでした。そんな状況が一変したのは、父が亡くなり、生業菓子製造を止め医療法人に勤め始めた時と、その医療法人を退職、放送大学に入学した、この二度の生活変化であった様に思います。収入はどんどん減る一方ですが、楽しみは増える一方です。毎年毎年、今年は良かったと思えるようになりました。鈴木真砂女さんの句ですが「今生の今が仕合せ衣被」と言った状況でしょうか。老いたのは紛れもない事実、物忘れも進む一方ですが、老いることも物忘れのことも、暫く忘れて人生を楽しみたいと思っています」

これを書いて10年ばかり経ちますが、今も同じ思いです。

１９９1年から俳句誌『出雲』の編集に携わり、２００3年5月号より、その『出雲』の出雲集の選者、２００4年からは『出雲』の編集長を務めていますが、放送大学で学んだことがどれだけ有難いことであったか、計り知れません。放送大学卒業後、もう少し仏教を学びたいと思い、仏教大学に入学したり花園大学に足を運んだりしましたが、まだまだ学び足りない思いです。趣味も大きく広がりました。油絵は少し前から描いていましたが、登山、木工、茶道、陶芸にも手を広げました。これらみんな今夢中です。先般（5月）は、家内と合同で「結婚50周年記念手遊び展」を開催いたしました。お陰で3日間に４００人ほどの方に見ていただくことが出来ました。無趣味であった私が、これだけの事を楽しめるようなったのは、みなひとえに放送大学で学んだお陰ではないかと思います。

２００1年11月に上梓した句集『葱の花』のあとがきに以下のように書いています。

「3年前夢で終る筈であった大学進学が家族の理解と協力によって実現した。当初10年と目論んでいた卒業が今年前期の試験の結果、卒業に必要な単位すべて取得できた。この私の我儘を許してくれた家族に感謝の意を込めて贈りたい。また、大学進学を諦めさせ親の苦渋を味わったであろう父の墓前に、また今年米寿を祝った母にこの句集を贈り大学卒業の運びになったことを報告したい。」

卒業は４年という期間が必要とのことで、２００２年９月でしたが、当時の充実した時間を思い出します。専攻は「人間の探求」です。

放送大学で一番学んだことは、「何も知らなかった」ということです。学ぶということは、自分の未熟さを知らされることではないかとさえ思います。簡単に生涯学習などと言いますが、これが趣味の一環であってはならないという思いがしてなりません。少しでも明日がいい日であるために学ぶという思いを持ちたいものと思っています。私は現在全科履修生です。もう少し学びたいと思っています。有難うございました。

【名前】土谷和生（つちたに・かずお）
【年齢】75歳
【所属学習センター】島根学習センター
【学生種別】全科履修生（自然と環境コース）
【既卒業コース（年月）】人間の探究（2002年9月）

インドネシア語クラブ「修学旅行」記

王子喜市

岡山学習センターのインドネシア語クラブの仲間7名でインドネシア領西パプアへ「修学旅行」を実施しました。関空から国際線でインドネシア・バリ空港へ、バリから国内線に乗り換えて西パプア州都ジャヤプラへ、ジャヤプラで飛行機を乗り換えてワメナに入りました。インドネシア共和国は赤道をまたぐ約1万8千あまりの大小の島によって構成され、人口は約2億3千万人で世界第4位の国です。

西パプア州のあるニューギニア島はオーストラリアの北、赤道直下にあり島の大きさは地球上で2番目です。東経141度上に引かれた国境を挟んで元オランダ領であった西半分を1936年インドネシアの領土として、残りの東半分は1975年パプアニューギニア共和国として独立しています。

島の中央には標高4000m級の山脈が走っており、氷河におおわれた最高峰のジャヤ峰は5050mです。天然ガスや原油、銅、金などの地下資源や森林資源が豊富で現在開発が急がれています。島の大きさは日本の1・1倍、人口は約210万人です。

今回の目的地ワメナは州都ジャヤプラから小型飛行機（機内の前方は貨物専用、後方が乗客用）で約1時間のフライト。奥深いジャングルと万年雪を頂く４０００ｍの山々に囲まれた標高１５００ｍの高原にあります。ワメナに行くには飛行機しかなく、機内からの眺めは素晴らしいものでした。延々と続くジャングルに蛇のようにのた打ち回る大河。集落らしいものが見えるたびに、あそこにはまだ文明人が知らない生活をしている人達が住んでいるのではないかと勝手に想像して興奮しました。

そのうち約1時間のフライトが終盤に近づき、切り立った山々が見える高原にあるワメナ空港に着陸、歩いて空港の建物に入りました。建物の中は薄暗く乗客でない人達が集まってきます。その中に現地ガイド1人とポーター３人の計４人が我々を出迎えてくれました。裸族の部落では明日、昼食を含めた歓迎セレモニーがあるとガイドの説明を聞き、ひとまずホテルへ行きました。ワメナの人口は約1万人。住民の構成は複雑で、コテカと呼ばれるペニスケースや草で編んだ腰みのだけを身に着ける先住民ダニ族と、ヤリ族を含む肌の黒いパプア系メラネシア人が多く、地域によって言語も異なり多くの集団に分かれています。

翌日、ガイドの案内で現在でも原始時代の生活様式、生活習慣のもとに住んでいるダニ族の部落を訪れました。途中で入村の手続きを済ませ部落の入り口に到着します。入口から少し歩くと小川が流れており、そこに人ひとりが通れる丸木橋が架かっていて、橋を渡り少し歩くと広い草原に出ました。その中央に見張り用の櫓が立っていて、我々の姿を見て櫓の上から大きな叫び声と共に20人ほどのダニ族が現れました。我々を出迎えるセレモニーが始まりました。部落の入口で首長をはじめ他の住民もワァ、ワァ、ワァ、ワァと叫びながら我々全員と抱き合います。なにかアニマルの響きの様な、ほえる様な挨拶は非常に独特でした。弓に矢をつがえて我々に向けて放つしぐさに一瞬ヒャットしました。集落の広場で昼食の準備となると、まず木に蔓を巻き付け摩擦させて火を起こし石を焼き始めました。

一方、女性たちは川魚といもを木の葉にくるみ石が焼けるのを待ち、石が焼けるとその上において蒸し焼きにします。蒸しあがるまで少し時間が掛るので、その間にダニ族手作りの作品（コテカ、手編みの袋、アクセサリー等の手芸品）を地面に並べ商売を始めました。昼食はいもと魚を蒸した簡単な食事でした。

ダニ族についてですが、人種はメラネシア系の先住民です。黒い褐色の肌で、髪は生まれながらにしてちぢれています。優しい眼をしています。また、ダニ族は独特のにおいがします。豚の脂を体に塗る風習があり、暑さ、寒さから肌を守る為だそうです。

ダニ族の社会は一夫多妻で、男性は妻を何人も持っています。また、豚が最高の財産で、ある意味では人間以上に大事にされているようです。すべて豚を基本単位にしており、結婚では豚と女性を交換します。富める者は何人もの妻を持ち、豚を持たない者は一生やもめ暮らしです。豚は単に通貨に代わるものとして用いられるものでなく、財産を生み出すものと考えられています。ダニ族は祭事の時のみ豚を殺して食べます。ガイドによると、交通事故では、人より豚を轢いた方が罪が重く、特にメス豚を轢くと賠償金が上がるそうです。また、ダニ族の女性で、とくに年配の人の手の指が第二関節からない人が何人かいました。これは身内に不幸があるたびに喪に服すという意味で、一本ずつ指を石斧で切り落とす習慣があったからだそうです。現在政府から残酷すぎるという理由で禁止され、からだに泥を塗ることに改められたそうです。

昼食も終わり部落から去る時も酋長はわれわれ1人1人と抱き合い、ワア、ワア、ワア、ワァと声を出して見送ってくれました。その後いったんバリに戻り無事帰国しました。

最後になりましたが、岡山学習センター在学中にすばらしい仲間と良い出会い、体験、思い出を残すことが出来ました。

【名前】王子喜市（おうじ・きいち）
【年齢】82歳
【所属学習センター】岡山学習センター
【学生種別】全科履修生（生活と福祉コース）
【既存卒業コース】社会と産業（2015年度）

第Ⅱ部

報道・記録された放送大学の学生

9章　学位記授与式での謝辞にみる学生の声

自閉症の息子に寄り添いつつ

瀧澤由紀子

只今は、広島学習センター所長の安原義仁先生ならびに、客員教授の平野敏彦先生より、心からなるお言葉をいただき、これをはじめとして、このようなすばらしい学位記授与式を挙行していただきましたことを、卒業生を代表して厚く御礼申し上げます。私たちが今日卒業の日を迎えることができましたのは、広島学習センターの皆様のご指導、ご援助によるものと深く感謝申し上げます。

私は70歳で3年次に編入学し、73歳で卒業となりました。毎朝4時半に起床、インターネット配信により家族が起きてくるまでが、私の勉強時間です。31科目62単位修得いたしましたが、卒業にいたる2科目はインターネット配備が無かったために、教材貸し出しを利用して事務室から1科目15回、2科目で30回分の講義のCDとDVDを送っていただきました。毎回返却用のラベルまで添えていただき、ご懇切な対応に励まされて卒業まで楽しく勇気をもって学ぶことができました。学習センターへは単位修得試験以外にはほとんど来ることはできませんでしたが、試験の合間に廊下や学生控室で他の受験生の方ともお話して、同じ志を持つ者の心の通じ合いをわずかながら経験させていただいたことも楽しい思い出です。

私の息子は重度知的障害を伴う自閉症で47歳になります。日中の活動を保障する農園を開いて、この9月で25年目になりました。荒地を開墾し、作物を植えました。はじめはこのような重度知的障害に対する療育は全く手探りで、暗闇の中を彷徨っているようでした。

しかし、時を経るにつれて、息子の発するかすかな信号をキャッチし、意味ある行動へ導くことができるようになりました。現在では午前中は焚火、農作業、午後からは紙漉き作業をいたします。紙漉き作業は18年目となり、常に私の援助を必要とするものの、息子はマイスターの域に達し、作品は多くの人に愛されています。定年退職後の夫も加わり、お手伝いくださる方、訪れる方も多く豊かな実りと恵みをいただく毎日です。

私はこの日々の営みの中で、早朝勉強のように、いつしか暗闇は後退し、美しい朝日に向かうような喜びを感じております。私は息子との生活を綿密な記録に残しました。このことをさらに深めたいと、修士選科生として大学院での学びをはじめたところです。この際にも事務室から、新しいインターネット操作を電話で教えていただき、順調に学び続けております。

学ぶことによって「目の前がパアッと開ける爽快感」や「明るい心ではたらく喜び」を感じることができるようになりました。私の人生の残照の中で、放送大学での学びはひときわ大きな輝きを放っております。

これまでお支えいただいた広島学習センターの皆様、社会人学生ネットワーク「きらめき」、そして夫、家族、友人達、隣人達に心から感謝いたします。

今日ここに集うことを願いながら集うことができなかった卒業生、新入学の皆様が、それぞれの場にあって、私たちと同じような祝福が与えられますようにお祈りいたします。

おわりに、放送大学のご発展と在校生、新入生の皆様のご健勝をお祈りして、私のお礼の言葉とさせていただきます。本日はまことに、まことにありがとうございました。

（広島学習センター　2014（平成26）年度第1学期学位記授与式謝辞）

【名前】瀧澤由紀子（たきざわ・ゆきこ）
【所属学習センター】広島学習センター
【学生種別】全科履修生
【既卒業コース（年月）】生活と福祉（2014年3月）

マイペースで学ぶ

石倉八千代

木々に若葉が芽吹き、桜の花も咲きほこり、私たちが待ち望んでいた春がめぐって来ました。本日は、私たちのために、このように盛大な式典を開催していただき、誠にありがとうございました。お忙しい中、ご臨席を賜りました皆様に、卒業生・修了生を代表しまして、厚く御礼申し上げます。これまで、ご指導ご鞭撻、細やかなご配慮いただきました諸先生方をはじめ、多くの先輩方や温かく見守ってもらった家族に、心より深く感謝しております。

これより私事になりますが、振り返りますと、早くに病気で夫を亡くし、その後、義母を見送り、子供たちは巣立ち、気づけば一人になっていました。ある日、ＴＶのニュースで、通信高校を80歳の方が卒業される姿を拝見しました。その方は、戦争で高校を卒業できなかったとの事です。私も家庭の事情で進学をあきらめた経緯がありましたので、通信高校で学ぼうとの意欲が沸き49歳で入学しました。しかし、思ったより勉強がむずかしく困難でしたが、毎週日曜日、授業に通っているうちに、いつしか楽しんでいる自分の姿がありました。卒業前には、英語の先生の計らいにより、初めての海外研修に参加しました。それは、生徒有志によるイギリス一週間の旅でしたが、一生忘れられない想い出となりました。

その後職場で、放送大学で学んでいる方との出会いがあり、私の学ぶ切っ掛けとなりました。米子市在住ですが、毎日、松江に仕事で通勤していたため、学習センターは松江にしました。最初は科目履修生でしたが、途中から卒業を目標にしました。コツコツとマイペースで進み、やがて11年という月日が流れ、いよいよ本日、晴れの卒業を迎える事ができて、本当に感慨無量です。看護科高校で学ぶ孫（長男）に「やっと卒業できたよ」と話すと、「よかったね」と笑みをもらいました。私も自分をほめてやりたいと思います。

さて、放送大学では、なんといっても面接授業が一番楽しかったです。遠くは鳥取の学習センターの授業にも参加しました。そこでもいろいろな方が学んでおられて、とても勇気づけられました。そして、実践を通しての授業、現地に出かけていき、鑑賞や見学などもありました。また料理実習の授業にも参加し、お昼は自分たちが作った料理を食べて楽しみました。保健体育の授業で一泊二日の大山登山に参加したところ、県外から多くの方が参加されており、夜は親睦会で大変もり上がりました。

また年に1回の学生研修旅行はとても楽しみな行事の一つでした。鳥取砂丘での砂の美術館の鑑賞や、世界自然遺産の山陰ジオパークを歩くなど、とても充実した体験でした。

まだまだたくさん想い出がありますが、放送大学での学びは、私たちの人生にとって、よりすばらしい糧となると信じています。私も、今後継続して学んでいこうと考えております。

最後となりましたが、放送大学のますますのご発展を願って、そして皆様方のご健康とご活躍をお祈りして、私の謝辞とさせていただきます。本日は誠にありがとうございました。

（島根学習センター　2015（平成27）年度第2学期学位記授与式答辞）

【名前】石倉八千代　（いしくら・やちよ）
【年齢】70歳
【所属学習センター】島根学習センター
【学生種別】全科履修生（人間と文化コース）
【既卒業コース（年月）】生活と福祉（2016年3月）

学ぶに遅すぎることなし

國澤喜久子

桜の花の美しい季節となりました。

本日私たち28名は放送大学の教養学部全科履修生、大学院修士全科生として晴れの「卒業証書・学位記授与式」に臨むことができました。これもひとえに、高知学習センター吉倉所長はじめ諸先生方、並びに職員のみなさまのおかげであり心よりお礼申し上げます。

また、ただ今は吉倉所長からの心温まるご祝辞をいただき本当にありがとうございました。改めて喜びをかみしめているところでございます。

さて、私事でございますが、高校卒業後、大学に進学したかったのですが、家庭の経済的なことで叶わず就職しました。それから定年まで働き、しばらくは海外国内旅行を楽しむ生活をしていましたが、心のどこかでいつも大学で勉強したかったという思いがありました。そんな時に、放送大学のことを知りました。今からでも勉強できる方法があることを知り、希望が広がる思いがしました。とはいえ年齢のことや、最後までやり遂げられるだろうかなどと不安がつのり、なかなか一歩踏み出すのに時間がかかったことを覚えています。

入学当初、卒業要件124単位という数字は私にとり途方もないものでしたが、諦めるのはいつでもできるとコツコツ急がずの気持ちで取り組みました。遅ればせながら諦めていた大学生を満喫できました。県外に面接授業を不安な思いで受けに行ったこと、思うように勉強ができなかったこと、楽しかった学生研修旅行、学園祭、サークル会員で浦戸湾を回る舟で桜を楽しんだことなど思い出もたくさんできました。放送大学で学んだことは私の貴重な財産となっています。卒業認定の文書を受け取った時は本当にうれしく、今もまだ実感をかみしめています。今後は体力と気力がある限り勉強を続けたいと思っています。

最後になりましたが、高知学習センターの益々のご発展を祈念いたしまして、卒業生を代表してお礼の言葉とさせていただきます。

（高知学習センター　2016（平成28）年度第2学期学位記授与式謝辞）

【名前】國澤喜久子（くにさわ・きくこ）
【年齢】81歳
【職業】無職
【所属学習センター】高知学習センター
【学生種別】全科履修生（心理と教育コース）
【既卒業コース（年月）】人間と文化（2016年3月）

自由な学びと学ぶ意志

安永　梓

卒業生を代表いたしまして、ひと言お礼の言葉を述べさせていただきます。

春色が日ごとに加わる穏やかな季節となりました。本日は、私たち卒業生43名のためにこのような盛大な学位記授与式を挙行していただき、本当にありがとうございます。また、ご多忙の中にも関わらずご臨席くださいました森センター長はじめ多数の諸先生方、ならびに関係者の皆様に心からお礼申し上げます。

私たち卒業生は、入学の動機や時期・年齢・学習環境などそれぞれ異なっておりますが、この愛媛学習センターを拠点として学習に励んで参りました。周囲の人たちの理解や協力に支えられ、また応援に後押しされながら本日のこのよき日を迎えることができ、感謝の気持ちでいっぱいです。

私は看護学校を卒業し、現在看護師になって8年が過ぎようとしています。しかし、働きながらも大学に行きたかったという思いはずっと持ち続けておりました。また、これから看護師として仕事を続けていく中でも、新たな資格の取得や進路の選択肢を広げるために看護学士を取得したいという思いも強くなっていました。そのような中で、ある一冊の本から、看護師が働きながら学士を取得する方法を知り、その最も効率が良くて今の自分のライフ・スタイルに合う手段が、放送大学で必要な単位を取得し、卒業をし、学位授与機構に申請するという方法であることを理解致しました。それが私と放送大学の出会いです。詳細を調べますと、看護学校で取得した単位はそのまま認めていただけることが分かったので、私は放送大学の3年生に編入して2年で卒業するという目標をたてました。その期間で必要な単位を取得するためには半年で約20単位、10教科ずつ受講していけばよかったため、そのように計画をたてました。振り返ってみますと、ひたすら単位の取得を目指していた最初の1年半はあっという間に過ぎ、単位認定試験の前、時間のある夜勤中に病院のナースステーションで勉強をしたり、試験と試験の間に自己学習室でうっかり居眠りしてしまったりしていたことが懐かしく感じます。そして、在学中最も楽しく、またやりがいを感じることができたのが卒業研究でした。分からないことばかりで最初は不安もありましたが、まずは一人でじっくり考え、〝こうしたいけどここが分からない〟ということを明確にさえできれば、あとは指導教員の先生がどんどん解決に導いて下さいました。新しいことを知ることや、分からなかったことが分かっていくこと、論文が完成に近づいていくことが嬉しくて、またそのできあがった論文を千葉県の放送大学本部で発表する機会を与えていただいたことも本当によい経験となりました。研究の方法から論文の書き方、プレゼンテーションの方法まで、この1年で身につけたことはこれからもずっと役に立つと思います。そして、指導教員の先生と出会えたことも私にとって本当に嬉しい出来事でした。

放送大学での学習は、学ぶ内容も、量も、学習する方法や時間や場所もすべて自由です。自由の反面、すべては自分の責任において成されていきますので、やり遂げるためには多少の意志は必要でした。しかし、その意志を貫くための環境はこの上なく整っており、諸先生方・職員の皆様が暖かく支援してくださいました。本当にありがとうございました。私たちのこの卒業は一つの通過点ですので、卒業生一同これからもお世話になることもあるかと思います。今後ともご指導・ご支援をよろしくお願い致します。

最後になりますが、放送大学の更なる発展を願い、合わせて諸先生方・職員の皆様、及び学生の皆様の益々のご健勝とご多幸を祈念し、卒業生を代表致しまして謝辞とさせていただきます。

（愛媛学習センター　２０１４（平成26）年度第2学期学位記授与式謝辞）

【名前】安永　梓（やすなが・あずさ）
【年齢】33歳
【職業】看護師
【所属学習センター】愛媛学習センター
【既卒業コース（年月）】生活と福祉（２０１４年３月）

継続は力

安原純子

本日は、私達卒業生30名の為に、お心のこもった盛大な卒業証書・学位記授与式を挙行していただき心よりお礼申し上げます。

ただ今は、学習センター所長の大西先生はじめ、ご来賓の県教育員会生涯学習政策課・松永宣洋様、徳島同窓会会長・篠原一二三様からお祝いの言葉を頂き、卒業生一同、心からお礼を申し上げます。

思い返せば、入学時期の相違はありますが、私たちはそれぞれに勉学への志と期待を胸に、本学に入学いたしました。放送大学は、テレビ、インターネット配信等で、自分のペースで学習ができる反面、仕事と家庭の両立はかなり大変で、学ぶ、学ばないは一人一人の判断に任されるという厳しさを実感しました。しかし、諸先生や職員の皆様の温かいご配慮、ご指導により、徐々に大学生活に溶けこむことができました。

私は、一科目から学べるという言葉にひかれて、入学しました。仕事の忙しさから、一時勉強を中断していた時期がありましたが、土日中心に、学習センターに通い勉強の再スタートをする事ができました。面接授業では、しっかりとした目標を持つ多くの学友に刺激を受けました。また、最新のテーマについて教授より直接学ぶことができたり、他の学習センターで、授業を受けられるということは、楽しく有意義だったと思います。

私たちが本学の学習から得たものは、単に知識や学識だけでなく、これからの人生にとって心の糧や支えになるような貴重な指針であり、学習できる喜びを知ることができました。私たちは、そのことを支えにして、仕事や日々の生活に活かしていきたいと思います。

最後になりましたが、諸先生方、職員の皆様のご自愛をお祈りいたすとともに、放送大学学習センターのますますのご発展を期待いたしまして、お礼とお別れのご挨拶とさせていただきます。

（徳島学習センター　2015（平成27）年度第2学期学位記授与式謝辞）

【名前】安原純子（やすはら・じゅんこ）
【年齢】53歳
【職業】会社員
【所属学習センター】徳島学習センター
【既卒業コース（年月）】心理と教育（2016年3月）

夢のような大学

豊嶋清美

春爛漫の良き日　私たち卒業生のために卒業証書並びに学位記授与の式典の催しをして頂き誠にありがとうございます。大平学習センター所長を始め、多くの諸先生方、職員の方々に心より御礼申し上げます。

今日卒業する私たちは年齢・職業・入学年度も異なっていますが、学びたい心は同じで、それぞれが自分自身で選択し努力した甲斐があって今日の晴れの日を迎えました。

私と放送大学との出会いは18年前に遡ります。その頃の私は、誰でも入学出来て卒業が難しい大学はないのかな?などと夢のようなことを考えていました。それがある銀行に立ち寄った時、放送大学の募集要項を手にし、驚きました。「夢のような大学だ。これなら私でも大学に行ける。」と嬉しくなり入学しました。

初めは選科履修生でしたが、学ぶうちに面白くなり卒業を目指して全科生になりました。面接授業も楽しくわくわくしながら受講しました。生活と福祉コースを履修するうちにエキスパートとして「食と健康アドバイザー」の認証をいただきました。管理栄養士の資格が取れたのも学んだことが役に立ったと感謝しています。興味のある分野だけでなく、他の分野を学んだことで心情的に豊かになり充実した人生だと自負しています。

終わりになりましたがご指導をいただいた諸先生やセンター長をはじめ職員の皆様、楽しく励ましていただいた学友たち、そして家族に感謝すると共に放送大学香川学習センターの益々のご発展と本日ご出席戴いた皆様のご健康とご多幸をお祈りしてお礼の言葉とさせて戴きます。

（香川学習センター　２０１５（平成27）年度第2学期学位記授与式謝辞）

【名前】豊嶋清美（とよしま・きよみ）
【年齢】86歳
【所属学習センター】香川学習センター
【学生種別】全科履修生（自然と環境コース）
【既卒業コース（年月）】生活と福祉（２０１０年3月）、社会と産業（２０１５年3月）

大学院を修了して

大林弘規

3月23日、放送大学・学位記授与式がＮＨＫホールで実施され、私は大学院修了生として参加しました。会場には2年間同じゼミで過ごし、この日で別れることになる仲間達の姿がありました。式典終了後、彼らと壇上で記念写真を撮りました。皆の誇らしげな表情が印象的でした。

私は教養学部の卒業時、英語に自信がなかったので大学院修士全科生の入試をいったん諦め、選科生として放送授業の単位をとりつつ、英語力向上を目指す道を選びました。そして二年後、入試に挑戦、幸いにも合格し、文化情報学プログラム・内堀基光教授のゼミに所属することになりました。大学院という最高学府で学びたいという憧れが、現実のものとなりました。

私は、重層信仰などに見られる、日本人の〝宗教に対する曖昧な（おおらかな）態度〟に常々疑問を持っていたので、そのことについて研究をしたいと考えていましたが、その方法について詳しく考えたことはありませんでした。初回面談の時、先生から、「山本七平の『日本教について』という本があります。この〝日本教〟を切り口として、日本人の宗教観の研究をすることにしたら……」と指導され、その方向で研究をすることになりました。

まず『日本教について』を読むことから私の研究が始まりました。個人で行うことが難しい、大掛かりな社会学的調査や人類学的なフィールド・ワークこそ免れましたが、代わりに先生から与えられた課題は、大量の文献調査。私は、世界宗教、神道などの日本の宗教の解説書や一般教養書などを選んで読みました。これらは文章も口語的で平易だったので短時間で何冊も読め、理解することも余り苦労はしませんでした。

問題だったのは、先生から指示されて読む本。そのほとんどはヨーロッパなどキリスト教圏の宗教学者・社会学者の論文集でした。和訳こそされていますが、訳者も同じ学者のためか、文章が専門的で難解で、理解するのが容易ではありません。とくにマックス・ウェーバーの論文集には手を焼きました。しかし私の研究のメーンを成す論文なので、逃げるわけにもいかず泣きながら取り組みました。

一つひとつの文献を読み、内容をまとめ、理解し、自分の考えと比較し、主題に沿って取捨選択して知識として構築していくのは、なかなか疲れる作業でした。二年目の夏が過ぎるまでこの作業は続きました。結局、精査した参考文献（書籍）の数は50冊以上になりました。

一方、研究結果の文章化も、論文提出まであと半年を過ぎた頃から始まりました。

論文の書式は、ゼミにおいて、先生から教わりましたが、初体験で分からないことも多く、そのたびに先生にメールで教えて頂きました。章立ても何度か変更しました。12月中旬の締め切り直前になると、考えることは修士論文のことばかり、いつも頭のどこかにそのことがありました。定年以後も続けて勤務していた職場も辞めました。これひとえに時間が欲しかったのと、論文執筆に集中したいためでした。

論文締め切りが目前に迫っても筆が進まず、一時は、今年度の提出を諦めようか……とも考えましたが、ゼミの仲間が頑張っていることを思い、負けてはならないという気が起こり、執筆中断を免れてきました。ゼミ仲間がいたからこそ最後まで行けました。

そして、締め切り三日前に修士論文を大学本部に郵送することができました。郵便局からの帰り、両肩が急に軽くなって、体が浮き上がるような開放感を体験しました。あの時の快感、達成感は、もう二度と体験できないでしょう。

私にとって、大学院での学びは〝夢の実現〟でした。内堀先生と同期ゼミ仲間との交流は、私の人生においてのエポック・メーキングな出来事でした。

なお、学習センター所長（当時）の森孝明先生には、入学時から修了まで沢山のご助言と激励の言葉をいただきました。先生に心より感謝申し上げます。

【名前】大林弘規（おおばやし・ひろのり）
【年齢】69歳
【所属学習センター】愛媛学習センター
【既卒業コース（年月）】人間の探究（２００９年３月）
【既修了プログラム（年月）】大学院文化科学研究科修士課程文化情報学プログラム（２０１３年３月）

科学を体系的に学ぶ

坂本　彰

本日はお忙しい中、岡部学長をはじめ諸先生方、ならびに御来賓の皆様にご臨席を賜り、このような盛大で心のこもった修了式を挙行して頂き、誠にありがとうございます。修了生一同心から御礼申し上げます。

私は、平成21年に定年退職と同時に放送大学に入学し、平成25年に教養学部を卒業、大学院選科生を経て、本日修士課程を修了するまで7年間、高知学習センターに在籍し、自然科学を中心に学んでまいりました。放送大学の自然科学に関する授業では、幅広く科学の現状、先端科学について学ぶことができました。断片的でなく、体系的に学べたことで、現在の自然科学について、理解を深めることができ、大変有意義な授業でした。それにもまして大きな影響を受けたのは、科学とは何かについて学べたことで、私の大きな財産となりました。学部生の時に履修した濱田嘉昭先生の「科学的な見方・考え方」の印刷教材は、大学院生になっても机のわきに置いて、常に読み返してきました。おかげで、教養学部の卒業研究、修士論文の作成にあたっても、慣れない実験器具の操作には苦労はしたものの、研究に対する姿勢は揺らぐことなく、指導教官の指導の下で計画どおり研究を遂行することができました。

　修士課程では、自然環境プログラムで学ぶ多くの仲間と交流し、いろいろな学び方、研究へのアプローチがあることを知りました。仕事と並行して研究を行う仲間が多い中で、私は定年退職者という立場で、研究に専念することができました。しかも、高知県立牧野植物園の二人の研究者から、形態的な分類学と、新しい、ゲノムを使った分子系統学について、親切な、そして厳しい指導が受けられるという恵まれた環境で研究をすることができました。また、研究に必要な材料の採集に当たっては、県内だけでなく、県外の多くの知人の協力によって、必要な情報や試料を収集することができました。その結果、円滑に研究を行うことができ、新たな知見を得ることができました。この間、ご指導いただいた先生方、ご協力いただいた多くの皆様にこの場をお借りして、厚くお礼を申し上げます。

　私は、定年退職にあたって、退職に伴って生まれる時間を三つに分割し、学業と社会貢献活動、それに家庭生活に充てることを約束していました。学部生の時は約束どおり、それぞれの活動をバランスよく実行する生活ができましたが、修士課程になりますと学業と研究に偏って、社会貢献活動や家庭のことが少しおろそかになってしまいました。この間、それを許していいただいた、ボランティアの仲間や妻に対して心からお礼を申し上げたいと思います。

　最後になりましたが、今後とも自己研鑽に努めるとともに、放送大学で学んだことを活かして社会に貢献する活動にさらに精進していくことをお誓いいたしまして、謝辞とさせていただきます。

（ＮＨＫホールにおける２０１５（平成27）年度学位記授与式謝辞）

【名前】坂本彰（さかもと・あきら）
【職業】元・高知県職員
【所属学習センター】高知学習センター
【学生種別】大学院・修士科目履修生
【既卒業コース（年月）】自然と環境（２０１３年３月）
【既修了プログラム（年月）】大学院文化科学研究科修士課程自然環境科学プログラム（２０１６年３月）

10章『文部科学教育通信』と機関紙から

大学生になれた私

松崎留実

私が放送大学に入った理由は、キャリアアップでも資格取得でもなければ、学習への熱意でもない。ただ大学に入りたかっただけ。大学生になりたかっただけ。

若い頃はそれなりに夢や目標をもって専門学校に進んだりもしたが、実際には思い描いていた将来とはまるで違う生活を送る日々。それを後悔しているとまでは言わないにしろ、「もしもあの時違う進路を選んでいたら、大学に進んでいたらどうなっていただろう」と、30代を目前にして度々思うようになった。

とは言え、本気で考えていた訳では全くない。現実的に考えようものなら、今さら受験勉強なんてとても無理。現役の学生さんと肩を並べるのも気後れするし、そもそも何が学びたいのか、学部も動機もわからない。所詮は単なる妄想でしかない。いつもいつも考えるだけで終わる。

そんなある日、本屋で雑誌を購入したら、袋の中に1枚のチラシが入っていた。放送大学の願書受付だった。ただの妄想でしかなかったことが、にわかに現実味を帯びてきた。

その半年後に入学、今学期でちょうど3年目になる。人生どうなるか分からない。

入学した当時は私も高を括っていた。大学といっても通信だし、放送授業はテレビ番組だし、カルチャースクールみたいなもんでしょうと。

しかし、そんな考えは単位認定試験の過去問を見て吹き飛んだ。解けない。教科書を読みながらでも分からない。えらい所に来てしまったと、考えの甘さを思い知らされた。

その年の試験1週間前に風邪をひいた。38度の熱がある体で、布団に入りながら朝5時まで試験勉強をしたのは、今となってはいい思い出だが、もう二度とやりたくないので体調管理には気をつけるようにした。

放送大学は大学ではないという方々がいる。学籍のある身としては耳の痛い言葉だが、そう言う気持ちもよく分かる。先にも述べたが、かつては私自身も少なからずそう思っていた。

学術・研究の最高機関として、厳しい受験を潜り抜けた一握りの優秀な人材が、社会の発展のために日夜研究に明け暮れているからこその大学の権威に、疑いの余地はない。

一方で、社会のための研究が一般人には難解で縁がない。研究する側は広く一般に知ってもらいたくても、その内容と重要性を理解されない。お互いに変わらなくてはいけない。

一般の人は、学生時代を過ぎた後も、自己の見識を高めるべく積極的に学習する姿勢を持ち、有識者は、年齢や学力の如何を問わず、全ての人に理解できる指導が求められている。放送大学は、まさにこの二つを地で行く大学である。

通信制教育や社会人学生は、何かと偏見も多い。放送大学は、開校30周年にしてようやく世間の注目を集めるようになった気がする。新しい形の大学のモデルとして、これからも放送大学は時代の先陣を切っていくことだろう。

大学が憧れでしかなかった私が、今この時代に放送大学生としていられたことは、きっと生涯にわたって誇りに思うことの一つであろう。出会えた幸運に心から感謝して、今日も私は勉学に励む。

（まつざき・るみ）
1983年　島根県生まれ
2002年　専門学校中退後就職
2012年　教養学部入学（生活と福祉コース）

（『文部科学教育通信』No.377　2015.12.14「私の放送大学」から転載）

【名前】松崎留実（まつざき・るみ）
【年齢】33歳
【所属学習センター】島根学習センター
【学生種別】全科履修生（生活と福祉コース）

往復5時間のタイムトンネル

野地ちえみ

「何かやらないとマズイ！」と思ったことがきっかけで放送大学への入学を決めました。40歳を越えて体力と能力の衰えを実感しての決断でした。若いころ、「学びたい」気持ちに経済的にも学力的にも追いつかなかった経験から、学費の安さと自分のペースで学べるという魅力は「これならやれる！」という最初の一歩になりました。子育て中ではあるし、仕事を持っての学びの再開でした。全科履修生として登録したのは私にヘコタレ癖があるから。何としてもやり遂げて卒業しようという決意の表れでした。

錆びついた脳に教科書の文字は入ってきにくいし、せっかく理解してもすぐに消えてしまう記憶にハガユイ思いもしています。しかし、センターに出かけて面接授業や試験を受けたりゼミに参加させていただいたことで、様々な境遇の学友と出会い、真剣な学ぶ姿勢と生き様を感じさせていただいています。その年齢も多様なので、知恵を頂いたり力を分けてもらいながら切磋琢磨して楽しみながら学ぶことが出来ています。他の大学では経験できないすばらしい財産だと思います。

車で往復約5時間というセンターまでの距離は、遠方であるというハンディかもしれませんが、私にとっては日常の生活と学生のモードを切り替えるためのタイムトンネルのようなもので、センターに行くとしっかり女子大生に変身している自分が少し滑稽でもありました。私が暮らす四万十市近辺にも学友がいます。卒業した先輩方も含めて町で出会うと「調子はどう？」と声を掛け合います。まさに放送大学ファミリーです。

入学して7年目。今年は念願の卒業研究に挑みます。センター所長をはじめスタッフの皆さんのご尽力のおかげで、指導教員を高知県内でお世話していただくことが出来ました。その暖かなサポートに感謝し、自分の持っている力を出し切ろうと思っています。そして、修士課程も視野に入れて放送大学でさらに学び続けたいと思います。

（のじ　ちえみ）
1959年　岡山県倉敷市で生まれる。高校卒業後同市にて就職、その後大阪に移り就職。
1982年　結婚を機に高知県四万十市で暮らす。3人の男の子の母。
2003年　教養学部　発達と教育　全科履修生として入学。自営業を営みながら委嘱ボランティアもやらせていただき、学んだこととこれから学ぶことを深め、臨床心理士を目指している。
（『文部科学教育通信』No.220　2009.5.25「私の放送大学」から転載）

【名前】野地ちえみ（のじ・ちえみ）

【年齢】57歳
【職業】自営業
【所属センター】高知学習センター
【学生種別】全科履修生（生活と福祉コース）
【既卒業コース名（年月）】発達と教育（2010年3月）

学ぶことで広がった世界と結ばれていく絆

徳田育子

放送大学に入ろう、学び直そう、そう思ったのは結婚し、子育てをしながら生きる意味とは何かを模索していた38歳の頃でした。

高校卒業を目前に大学進学を考えた時、人間関係が苦手だったため機械相手なら大丈夫と選んだ学科は地元大学の短期大学部生産機械工学科。予想に反して機械といっても、機械部品は人体の縮図であり、学ぶのは結局人間そのもの。このことに気付いたときの学問としての驚きと面白さ。一般教養で学んだ心理学にも強烈にひかれ、卒業。学ぶ意欲はあったものの機会がなく、失業してようやくできたエアポケットのような時間が、まるで天からの賜物のような気がして一念発起して放送大学の扉を叩いたのです。

最初は一人座学でテキスト中心の学習だったのが、やがて全国の学習センターの図書を借りるということを覚え、学術論文も安価で閲覧でき、そこには学閥もない。面接授業の会場は全国にあり、有名大学の教授から安価に直接授業を受け、指導を受けることができる。もちろん地元の教授陣も素晴らしく、ゼミでの学びも充実しています。真の意味での生涯学習を追究できる大学は放送大学しか考えられないと思うほどです。自分が学んでいく中で本当に突きつめて学びたいと思ったことは、卒業研究によって担当教授のご指導を仰ぎながらまとめていくこともできます。その学び方を通して本当に学びたい学問「心理臨床学」に出合い、本当の悩みを悩みぬく力を身につけることができました。自己表現の場として２０１０年度は放送大学ＴＶＣＭ出演や、エッセイコンテストの入賞など、自分自身を広げるチャンスにも恵まれました。

中でも大切にしていることは学友との交流です。面接授業から広がっていく学友とのつながりもあります。２０１１年からは徳島学習センターでアロマサークルを主宰し、学友と笑顔の輪を広げるお手伝いをさせていただいています。放送大学で学ぶことで広がった世界と結ばれていく絆。これからも学び続けていきたい、そう思っています。

（とくだ・いくこ）

２００４年４月、教養学部「発達と教育専攻」全科履修生として入学、２０１０年卒業。現在は生活と福祉専攻で「摂食障害と認知行動」についての卒業研究を行っている。放送大学で取得した資補によって就職が決まり、本年四月から地方公務員非常勤特別職家庭児童相談員として奉職。その傍ら大学でアロマサークルを主宰、地域ボランティアとして小学生に読み聞かせや高校生対象の合唱指導も行っている。

興味のある学問は心理臨床学、分析心理学、精神分析学、発達心理学、障碍者福祉、行動科学。趣味はガーデニングとジョギング、夫と３人の子どもをこよなく愛する家庭人でもある。

（『文部科学教育通信』No.294 2012.6.25「私の放送大学」から転載）

【名前】徳田育子（とくだ・いくこ）
【年齢】50歳
【職業】会社員等（会社経営）
【所属センター】徳島学習センター
【既卒業コース（年月）】発達と教育（2010年3月）

知ハ河水ノ如ク

田村佳敬

私が大学卒業を目指して放送大学に入学したのは45歳のとき、1995年の2学期であった。前年に高知地域学習センターが開設されたばかりで全科履修生の受け入れはなかったが、3年後の1998年に受け入れを開始すると聞き、「人間の探究」専攻に進むことを前提として、専科履修生として入学した。

入学当時は建設会社で技術職として勤務しており、「仕事だけの人間」にはなりたくない、と思いながらも、その仕事以外の生きがいが見つからず鬱々としていた日々を過ごしていた。その日々のなかで偶然に放送大学と出会い、自分が探していたものが見つかったような感動を覚え、すぐに入学を決心した。

しかし、意気揚々と入学したものの仕事と学業の両立は難しく、仕事の都合で単位認定試験を受験できなかったり、勉強不足で諦めてしまったり、年間で四単位しか修得できなかった年もあった。

そのような中、仕事の関係で訪れた沖縄の歴史や考古学に興味を持ち、定年を迎えるまで残り4年であったが、今しかない、と一念発起し、長年勤めた会社を退職して、2006年に沖縄国際大学に入学した。そこで2年間みっちり考古学を学び、充実した時間を過ごした後、その勢いに乗って放送大学で最後の難関であった外国語6単位を修得し、2009年3月に「人間の探究」専攻を10年半かけて卒業した。引き続き、「社会と産業」コースに入学すると同時に、放送大学高知同窓会の発足に関わり、現在も事務局長として同窓会活動に携わりながら、町内会長、交通安全協会、民生委員・児童委員など地域コミュニティ活動に参加している。

その活動で気づいたのは、地域には様々な考え方や思惑があり、住民一人ひとりの経験や知識も異なることから、それぞれの意見を調整し一つの答えを導き出すことは容易ではない。それを可能にするために必要なものは、知識・理解力・想像力、そして行動力であると思う。まとめ役には一つ一つの事柄を、気概をもって自ら実践し、それを積み重ねることが重要だと感じている。

〝滴り落ちる一粒の雨を集め、それはやがて急流を流れ下り、幾多の支流を集めて大海原に注ぐ河のように人は大きくなる。〟

20年間、在籍して思うことは、若者は社会に出る前段階で大学に進学するが、年老いた者は社会と関わりを持ちながら、その関わりを円滑にするために少しずつ知識や知恵を得て、残る人生を豊かに過ごすために放送大学は極めて有効であり、私にとってこの大学はかけがえのない場所となっている。

（『文部科学教育通信』No.294　2012.6.25「私の放送大学」から転載）

【名前】田村佳敬（たむら・よしゆき）
【年齢】66歳
【職業】定年退職者
【所属学習センター】高知学習センター
【学生種別】全科履修生（自然と環境コース）
【既卒業コース（年月）】人間の探究（2009年3月）、社会と産業（2011年9月）、心理と教育（2013年9月）、生活と福祉（2016年9月）

わが残りの人生に光明を得た

竹下靖彦

高校入試直前、我が家の大黒柱であった父親を突然交通事故で亡くし、私をはじめ母親と兄弟姉妹7人が残され、突然辛苦を味わう生活となりました。長男であるが故に止む無く、高校入学の希望を諦めて家族の生活を支えるために社会に働きに出ました。

以来中卒であるが故の悲哀を一身に受けながら50年間働き続け、無事に第一線を退くことができました。そして定年後の人生を如何に過ごすか自問自答していた折に、妻より「学ぶことを求めるなら、私が入学している放送大学があり、中学卒でも入学できるので、共に学びませんか」との誘いに、今更ながらこれからの人生に学士は必要ではないと思いましたが、誘われて逃げることもできず、それならと先ず選科履修生として入学し2科目を履修することから始めました。

結果はなんとか合格できたことで、これなら学士への挑戦は可能だと考え、全科履修生の要件である16単位（放送授業のみ）をゆっくりと2年間かけて取得し、全科履修生としての入学条件をクリアしました。

２００９年４月、全科履修生として「人間と文化コース」を選び、卒業を目指してコース以外の余分な科目は排除しつつ、ただひたすら卒業の必須科目を目指しました。その結果３年半で１回目の卒業要件を満たし、時間待ちの中で次コース科目を履修しながら本年３月に卒業しました。

次コースの「社会と産業」、３つ目のコースの「生活と福祉」は、既に卒業単位を満たして時間待ち状態。４つ目のコースは「心理と教育」、５つ目のコースは「自然と環境」を併せて科目を履修中です。

また、島根大学との単位互換にも取り組み、本大学と島根大学の高等教育をともに学ぶことができました。とりわけ島根大学での科目履修と共に、専門演習、初の財政学ゼミ生として受け入れて頂き、孫たちの年代に囲まれながらともに学び、二重三重の学ぶ喜びを味わうことができました。

２０１１年１月より、島根学習センターより初のサポーターを委嘱され、生涯学習の必要性とその役割を果たすため、放送大学について、私の体験とともに学ぶことの楽しさを大いに宣伝し、その存在を力説しています。

本大学にて面接授業を学ぶ中で、多くの先輩や後輩の学生たちと出会い、励まし合う中で、苦しくても単位認定試験合格で達成感を十分味わい、島根大学での期末試験など、本当に楽しい学生生活を送っていて、まさにわが残りの人生に光明をもたらしました。

学ぶ意欲さえあれば、放送大学は身近に存在しており、十分期待に応えることができます。

２０１３年　島根同窓会を設立し会長に就任

日常の暮らしは、晴耕雨読の生活です。晴れた日は家庭菜園（２００坪）、雨の日は終日島根学習センター視聴覚学習室で勉学中。

（『文部科学教育通信』No.327　2013.11.11　「私の放送大学」から転載）

【名前】竹下靖彦（たけした・やすひこ）
【年齢】75歳
【所属学習センター】島根学習センター
【学生種別】全科履修生（生活と福祉コース）
【既卒業コース（年月）】人間と文化（２０１３年３月）、社会と産業（２０１５年３月）

二度目の通信教育―異質なる二つの学び

坂本　明

入学して4年目で、自然と環境のコースを履修している。通信教育の二度目の挑戦でもある。私の一回目の通信教育（以下「通教」という。）は、1967年に始まる。私は、ある私大の法学部法律学科に籍を置いて学習を続け、相当単位を取得したのだが、生活上の大変化があって、卒業に必要な単位取得までアト少々というところで、卒業はあきらめざるを得なかった。

職業が、地方公務員であったことで、60歳の退職時まで、法律・条例と共に過ごしてきたが、兵庫県北部地震（2001年1月12日）の際、お世話になった教授が鳥取学習センターの所長に就任されたこともあって、残りの人生、法律とは趣を異にする「自然科学」を学んでみようと、2009年2学期に入学し、「宇宙」や「地球」、「生物（動・植物）」「物理・化学」に関連する科目を選択し、学んでいる。通教は孤独との戦いでもある。ただ、放送大学では、其々の地域にある学習センターに行けば、学友との日常の会話を楽しむことができるため、かつての私大の通教とは趣が異なり、あまり孤独感を感じることはない。

次に学部、コースの選択の結果で強く感じたことがある。前述のように、最初の通教では、私は法律を選んだ。今回は自然科学である。前者は、人々の生活や生活の中で生まれる人と人との葛藤をコントロールするために設けられたルールについて学習するのであるが、自然科学の学習はそうではなく、存在すること自体が人智を越えた謎の世界で、いわば物理法則のみに支配される時間・空間の世界を学ぼうとするものである。

自然科学の目で人類社会を見たとき、人の世に起きる出来事、争いなどといったものが実につまらなく写ることに気づいた。自然界で発生することはすべて蓋然だ、ということである。

今放送大学に学んでいて、かつての通教と今回の学び、この質の異なる二つの学びに対し身震いするような感動を覚えるとともに、自然科学の世界についてさらに深く学びたいと思うことしきりである。

（『文部科学教育通信』No.381　2016.2.8「私の放送大学」から転載）

1943年　兵庫県に生まれる
2009年　科目履修生として入学
2011年　全科履修生として「自然と環境」に入学、現在に至る
10年前まではスキーとアマチュア無線を趣味にしていたが、スキーは高齢により、アマチュア無線は仲間が少なくなったため休止状態で、近年はペルチェ素子を用いた温度差発電に挑戦している。

【名前】坂本　明（さかもと・あきら）
【年齢】73歳
【所属学習センター】鳥取学習センター
【学生種別】全科履修生（自然と環境コース）

励まされながら勉強

加藤一郎

私は今年満90歳です。厳密に申しますと90・7歳。91歳が近くなっていますが、幸いにして健康に恵まれ、放送大学の同窓生に励まされながら元気に勉強しております。

私は当然のことながら戦前の教育を受け、軍隊生活もし、旧満州の部隊にいたので運悪くシベリアに送られ四年間の捕虜生活も経験いたしました。

復員後、鳥取県に転職し58歳で定年退職いたしましたが、運良く民間団体に再就職し74歳まで勤めることができました。再就職先では傘下の中小企業の指導援助が業務でしたが、脆弱な経営基盤の中小企業が、世界経済の変動・国内経済の動きをもろに受けながらも制度金融を活用して自動化の促進、精密機械の整備、これに伴う職員の教育等に企業の生死をかけて取り組んでいる姿等を見て、行政で指導する立場から逆転して社会の真実を体験することができました。また、社会は動いている・社会は絶え間なく進歩前進していることを見て参りました。

74歳で退職しましたが、明る日から何もすることなく全く途方に暮れ、粗大ゴミになりかねない状態の時に、県で主催している老人大学を紹介され受講いたしました。老人大学は受講科目が限定されていてこの次をどうするか迷っていた時に、放送大学では、年齢に制限がなく、科目は自由選択であるとの話を聞き、早速科目履修生となりました。その後さらに体系的に勉強がしたいと考えて全科履修生となり今日に至っております。記憶力も衰え、単位認定試験前には、やはり子どものように緊張してしまいます。

また面接授業は地域の大学の先生が主であり、その地域の今日的な課題等を教えていただきますが、私の常識の範囲を超えていて新鮮で勉強になります。

現在の老人は、目まぐるしく変わる社会で生きていて、社会に適応していくためには絶えず新しい知識を吸収しなければなりません。私も健康な限り勉強を続けて行きたいと考えています。

（『文部科学教育通信』No.281　2011.12.12「私の放送大学」から転載）

1921年　鳥取県生まれ
1998年　科目履修生として入学
2003年　全科履修生として「人間の探求専攻」に入学
蝸牛の歩みではあるが元気で歩ける間は勉強を続けたい。
鳥取学習センターの書道部で習字を習っている。

【名前】加藤一郎（かとう・いちろう）
【年齢】95歳
【所属学習センター】鳥取学習センター
【学生種別】全科履修生（人間と文化コース）

それはボランティア活動から

上田裕子

私は1943年に徳島で生まれ、看護学校を卒業し、結婚後3児の子宝に恵まれて、育児と農業の手伝いをしながら、三交代での日赤病院の勤務をしておりました。そのうち、いろんなことにつけ勉学の必要性を感じるようになり、時間も少しできたので通信制大学の教育を受けるべく何度かパンフレットを手にしたものの、その機を逸してしまっていました。その後、ボランティア活動を始めたのがキッカケで、やっと放送大学徳島学習センターに入学することができ、今楽しく学んでいます。

ボランティア活動の中でも1996年に訪れたネパール国の奥地にあるブジュン村の無灯火村落にヒマラヤ水系を利用した水力発電所建設のお手伝いをしたとき、初めて点灯した電灯の光を見た部落の人達の喜ぶ姿が非常に感動的でした。この時、看護師である私でできる援助活動をしたいとの思いが募り、カトマンズ市内のモデルホスピタルにこれまでに3度訪れ、延べ7週間にわたり現地のネパールの人々の看護奉仕をしました。言葉も通じない外国人の看病奉仕は困難な事も多かったですが、帰国する私に落涙して感謝の表情を表してくれた事が感動的な追想となっています。

こうした海外ボランティア活動を続ける中で、改めて語学力や教養の必要性を痛感し、一度諦めかけていた通信制大学での学びへの思いが再燃しました。

人生にはアンコールもリハーサルもありません。思い切って、放送大学徳島学習センターに相談したところ、事務長さんから「上田さん、年齢に関係がないから入学して皆と一緒に勉学しなさい。」と背中を押していただきました。徳島学習センターでは、いろいろな勉学ゼミにも参加させていただき、多くの立派なお友達と交流もできました。私は、立派な講師の先生方や学習センターの皆様のお陰で自由に楽しく勉強ができることに心から感謝している次第です。

本年9月には、中国、チベットに7回目の訪問をする予定ですが、放送大学で学んだことが、少しでも現地の人々との交流に活かせるのではないかと楽しみにしています。

（『文部科学教育通信』No.394　2016.8.22「私の放送大学」から転載）

１９４３年　徳島県生まれ

２０１４年　放送大学教養学部全科履修生　人間と文化に入学

看護師として仕事していた中でネパールを中心にボランティア活動を始め、現在は、放送大学で学びながらボランティア活動を行っている。

【名前】上田裕子（うえた・ひろこ）

【年齢】73歳

【職業】専業主婦
【所属センター】徳島学習センター
【学生種別】全科履修生（人間と文化コース）

生活の一部、生きがいの一つ

木幡靭夫

私が、放送大学に入学したのは、1998年4月のことですから、早いもので、もう11年余りになります。

入学当初は、卒業とか、学位取得などということは、念頭になく、定年退職後の生きがいの一つに、「生涯学習」をかかげ、その学びの場として、放送大学を選択した次第でした。

そのようなこともあり、初めは、科目履修生・選科履修生として在籍し、「人生の哲学」とか、「高齢社会の生活設計」、「生涯発達と生涯学習」などなど、興味のおもむくままに受講し、単位認定試験なども受けずに終わった科目もありました。

学びたいとき、いつでも、どこでも学べ、広範囲な授業科目が提供されている放送大学のシステムは、生涯学習を目的として学んでいる私のような者にとっても適したシステムのように思えます。放送大学は、新しい知識を学ぶということだけではなく、これまで身につけてきた人生観や価値観を振り返り、とらえなおす、そして視野を広めてくれる場ともなっています。

放送大学では、多くの出会いの機会があり、学ぶことの楽しさ、よろこびを知ることができ、自分自身を再成長させてくれるように思います。今では、放送大学での学習が生活の一部になり、生きがいの一つになっています。放送大学の学歌にも、「生きることは学ぶこと」とありますが、今後とも、「生涯学習」をモットーに、自らを高める努力を続けていきたいと考えているところです。

なお、鳥取学習センターに学ぶ学生相互の融和を図り、親睦を深めることを目的として、2009年5月に、「書に親しむ会」を立ち上げました。初めて筆を持たれる方から経験者まで、月1～2回のペースで、センターに集まり、心を落ち着けて「書」に向かうひとときを過ごしています。

今後、新たなサークルの誕生など、学生間の交流の輪が広がっていくことを期待しながら、地道に活動を続けていきたいと念じている今日このごろです。

1937年生まれ　福島県出身
1997年、国家公務員の職を定年退職
2008年、教養学部（人間の探求専攻）卒業、全科履修生（社会と経済専攻）として再入学

（『文部科学教育通信』No.231　2009.11.9「私の放送大学」から転載）

【名前】木幡靭夫（こはた・ゆきお）
【年齢】79歳

【所属学習センター】鳥取学習センター
【学生種別】全科履修生（心理と教育コース）
【既卒業コース（年月）】人間の探究（2008年3月）、社会と経済（2014年3月）

生涯学習としての放送大学

稲谷吉彦

私は、会社の退職を前に放送大学に入学した。大学に入学した目的は、退職後に充実した生活を送ること。今まで従事してきた仕事以外の知識は狭く、広い知識を吸収すること。また、老年になっても有意義な生活を続けるため、生涯学習を実践したいということである。これまで私は技術関係の仕事をしてきたが、自分の経験した以外のことについても勉強したいと思い、最初に「産業と技術専攻」を選んだ。放送大学で学習してみると、その内容の幅の広さに感心するとともに、私と同じような学生さんが大勢おられることに驚いた。また、放送大学の授業が当初の目的の学習に適していることを痛感し、他の専攻・コースも学習することにした。

私は今まで、17年間という長い間、放送大学の学習を続けてきたが、その間に「産業と技術」・「生活と福祉」・「社会と経済」・「人間と文化」・「自然と科学」・「心理と教育」の6専攻・コースを卒業することができ、平成27年3月に、身に余る光栄とも言うべき「名誉学生」の称号をいただいた。

それは、放送大学には次の良い教育環境があり、それに恵まれたからだと思う。３００にも余る科目があること。全国の一流の先生の講義が視聴出来ること。また、幅広く学外の専門家の新しい情報を取り入れていること。放送以外に、インターネット配信になったことにより、いつでも学習ができること。学習センターでは、サークル活動で学生同士の交流ができ、多くの学生さんと知り合いができたこと。年齢も職業も違う人との学生生活が楽しめることは、有難い限りである。また、卒業研究の論文の作成も丁寧にご指導いただき良い勉強になった。

平成27年第2学期からは「情報コース」の学生となる。これからも、生涯学習をめざして放送大学の学生として、ゆっくりと学習を続けていきたいと思っている。それが、人生の張り合い・元気のもとになると思っている。

（『文部科学教育通信』No.373　2015.10.12「私の放送大学」から転載）

【名前】稲谷吉彦（いなたに・よしひこ）
【年齢】75歳
【所属学習センター】愛媛学習センター
【既卒業コース（年月）】産業と技術（2004年3月）、生活と福祉（2006年3月）、社会と経済（2008年9月）、人間と文化（2011年3月）、自然と環境（2013年3月）、心理と教育（2015年3月）

リストラから再スタートしつつ学ぶ

瀬木寛親

僕が放送大学に入学したのは２００３年の春。３年次編入で38歳の新たなるスタートです。実は僕の人生においても節目となる時期での入学でした。

２００２年の秋、初めて社会に出て以来15年間お世話になった会社を辞めることになりました。自部署の業績不振による人員整理……世間的に言うところの「リストラ」です。

当時の僕は結婚1周年を間近に控え、そろそろ子供でも……と妻と話していた矢先の出来事です。我が家にとって最初の大きな出来事ではありましたがまだ妻も働いており、僕に「専業主夫になる？」等のジョークで明るく励ましてくれました。その時どこかでパンフレットを見た放送大学のことを思い出しました。

僕は大学を中退しています。社会に出て暫くはそのことも日々に埋没し気にすることもありませんでした。思えば大学生の頃は両親から学費を出してもらいながらあまり勉強をした記憶がありません。もう一度大学に入学して勉強したい……そんな思いが湧き起りました。早速自分の大学時代の取得単位を調べたりするうちに3年次に編入できることがわかり、入学手続きを進めて行きました。

仕事の方は、退職金を基にコロッケのFCチェーンに加盟し、独立の道を選択しました。それぞれに目標を立てました。3年で大学を卒業し事業を軌道に乗せることです。しかし現実は厳しく、勉強も経営も悪戦苦闘、七難八苦の連続でした。それでも時が流れるにつれ、大学での勉強の知識が仕事に役立つ場面も出て来ました。そのころから年2回の試験も楽しみになり、仕事の方も様々な出会いや変化を繰り返すうち少しずつではありますが前進して行きました。

来春で入学そして独立からまる7年となります。大学はようやく卒業できそうです。事業は現在「赤竜」と言う担々麺のお店を広島市内で3店舗営む状況となりました。ここまで支えてくれた妻と2歳になる娘に心から感謝します。今は亡き母も含めた家族全員での卒業式参加を今から楽しみにしている今日この頃です。

（広島学習センター機関紙『往還ノート』、第184号、2009年10月1日から転載）

【名前】瀬木寛親（せぎ・ひろちか）
【年齢】52歳
【職業】自営業
【所属学習センター】広島学習センター
【学生種別】全科履修生（社会と産業コース）
【既卒業コース（年月）】社会と産業（2011年3月）

「卒業研究」は広がっていった

増原久子

「卒業研究」のあとがきを書き終えたのは70歳の誕生日の前日であった。２００５年の秋のことである。

話はそれから5年前にさかのぼる。当時出雲市女性センターのセンター長を務めて5年目になっていた。自分の年を考えるともう今しかないと決心して職を辞し、3年次編入の放送大学全科履修生となった。これで勉強に専念できると思ったのも束の間で、丁度市町村合併の時期でもあり、二つ、三つ公職を持ちながら、「2足の草鞋」を履くことになってしまった。

何で今さらその年で大学か……と言われそうだが、実は私には二つのコンプレックスがあった。何十年もの間、心に掛かっていたことである。一つは〝お父さんいない〟コンプレックス。父は私が3歳の時に病死したが、これは致し方のないこと。二つ目は、〝学歴コンプレックス〟。母の細腕では、2歳年下に弟もいることだし、希望の大学に進むことはできなかった。女の子は学問よりも早くお嫁に行ったほうがいいと祖母は言った。そんな時代である。

それでも何とか2年間の大学生活を終えて、社会へ出て2年間教職につき、まもなく結婚。

仕事はやめて3人の子育てと夫の両親の介護がほぼ同時進行で20年続いた。途中で私立大学の通信教育を始めたがすぐに挫折してしまった。今思っても無理な話である。

その後子どもはそれぞれに結婚し、両親も見送り夫と2人の生活になった。夫の応援もあり2001年4月から放送大学3年次に入学し、4年半かけて単位を修得した。生活と福祉専攻で高齢者福祉、地域福祉、家族関係などを中心に、衣食住に関する科目も広く学んだ。卒業も近づき卒業研究をどうするかを考える時期が来た。代わりに6単位を科目履修する方法もある。折角ここまできた放送大学だもの、もうひとふんばり頑張ってみようと思うのがどうも私の性分らしい。しかしテーマをどうするかで迷った。自分自身60代後半となって、高齢者福祉に関することにしようか。それとも当時しきりに話題となった少子化問題にしようかと思案中だった。そのころ電車の中で私の座席の真ん前で1冊の本を広げて揺られている男性の姿があった。本の題名は『スウェーデンはなぜ少子国家にならなかったのか』、すぐにそれをメモして帰り本を手に入れた。電車の中で私の前にたまたま立ってくれたその男性に感謝したい。本の影に隠れてとうとうお顔も見えず、そのままになってしまった。どなたか分からないがお会いしてお礼が言いたい。おかげで私の卒業研究のテーマは「少子化を考える〜女性が子どもを産まなくなったのはなぜか〜」となった次第である。

卒業研究の内容について少し触れておこう。少子化といってもいろいろな要因があり、なかなかテーマが絞りきれず、研究を深めることが難しかった。ひとつだけ特記すべきは聞き取り調査のことである。松江市の未婚の働く女性5名（20歳代後半から30歳代）に集まってもらい、仕事と結婚について語ってもらった。まずは仕事を続けて、その先に結婚もありかという女性たちであった。研究は全体的には文献を読み進み、私なりに自分の意見を入れてまとめていったということである。本部での発表会では資料を配布して口頭のみで発表したが、島根学習センターではじめてパワーポイントを習って作成し発表した。

いよいよ卒業証書・学位記の授与式が近づいてきた。最初は「おとうさんも一緒に行きましょうよ。娘も東京にいることだし。」と話しながら、夫も私も上京を楽しみにしていた。しかし夫の病気が進行して、本部の卒業式には二人とも参加できなかった。立派な卒業証書・学位記はベッドで横になっている入院中の夫の枕辺に届けた。「おとうさんありがとうね。」と、喜びを分かち合ったことは忘れられない。それは立派な卒業証書であった。数ヵ月して夫は他界した。

今、２００８年の秋、出雲市は「全国男女共同参画宣言都市サミットｉｎいずも」を開催する。その2日目第6分科会でコーディネーターを務めることになった。テーマは「出雲地域の子育て環境～育児休業に視点をあてて～」であり、私の卒業研究が大いに役立ちそうである。

卒業後は選科履修生として英語を勉強中である。中でも昨年履修した「英語Ⅱ～The Book of Tea～」は大変興味深く読むことができた。岡倉天心が１００年以上も前にアメリカへ渡り、しかもそれを英語で書いて、東洋の文明を西洋諸国へ伝えようとしたのだ。今続けている英語の科目もきっとどこかで役に立つことがあるだろうと信じて励んでいる。私はまもなく74歳を迎える。

（「放送大学通信オン・エア NO.94（2009年6月）」から転載）

【名前】増原久子（ますはら・ひさこ）
【年齢】82歳
【所属学習センター】島根学習センター
【学生種別】大学院修士課程選科履修生
【既卒業コース（年月）】生活と福祉（2005年9月）、人間と文化（2016年3月）

夫婦で共に

津村明甫・津村豊子

もうじき75歳を迎えるこの春、私は妻と共に東京NHKホールで念願の「学士（教養）」の学位を授与されました。夫婦で入学、卒業共に同時というケースはかなり珍しいケース、とのことで時には羨ましがられ、面はゆいこともありましたが、「夫婦一致団結して頑張ろう！」と意図して共同戦線を張ったわけではありません。

期せずして二人共「人間と文化」コースを選択したのは、夫婦で似通った面が多少出たのかもしれませんが、受講する科目については全く自由に選択しました。それでも、共に勉強することでメリットも多くあった事は確かです。その良かったと思う点について少し述べたいと思います。

まず、何よりも、現役を退き、子供たちも離れて二人きりになった夫婦にとって共通の目標が出来た事です。しかも、それはかなりの知的努力を要する目標であり、また単位認定試験という年に二度の決まった周期を持つ目標でもあり、二人の生活に刺激的なリズムを与えてくれました。宙に浮いた状態からまさに着地する場所を得た思いのする充実した目標でした。

勉強は全く独自のペースで自由に行いましたが、理解に迷う時にはお互いに意見を交換しました。レポート提出課題ではお互いに原稿を見せ合い、相互チェックも行いました。とかく独りよがりになり第三者には意味不明になることも多いからです。試験直前になると年齢的にも若干短期記憶に頼らざるを得ず、二人共、無言で勉強に熱中することにもなりましたが、二人共に心地よい緊張感を味わう貴重な期間でもありました。

これこそまさに探し求めていたものだと確信しているので継続入学の申請を行いました。今度は二人別のコースを受講しますが、また同じように刺激し合いながら勉強を続けたいと思っています。

同窓会にも入ることにしています。気兼ねなく話し合える友人を得たいと思っているからです。そしてできれば、社会に役立つ活動のために得たものを用いたいと思っています。

（広島学習センター機関紙『往還ノート』、第217号、2015年5月1日から転載）

【名前】津村明甫（つむら・あきお）
【年齢】76歳
【職業】無職
【所属学習センター】広島学習センター
【学生種別】全科履修生（社会と産業コース）
【既卒業コース（年月）】人間と文化（2015年3月）

【名前】津村豊子（つむら・とよこ）
【年齢】76歳
【職業】無職
【所属学習センター】広島学習センター
【学生種別】全科履修生（心理と教育コース）
【既卒業コース（年月）】人間と文化（2015年3月）

東日本大震災災害派遣——危機管理の現場に立ち会って

橋向亮介

2011(平成23)年3月11日午後2時46分、東北地方を襲った東日本大震災から1年がちました。当時、沖縄の勝連港に寄港していた海上自衛隊の補給艦「とわだ」は、すぐに緊急出港、途中、佐世保港で災害援助物資を搭載した後、最大速度で三陸沖に向かい、以後、延べ1ヶ月半にわたり災害派遣任務に従事しました。東北沖の現場海域は想像を絶するものでした。海面には家、コンテナ、漁船、車が、そして多くの潮だまりには、机、冷蔵庫などの家財道具が浮遊しており、日常の生活が津波によって一瞬にして失われたことを物語っていました。潮だまりのところどころに水色、ピンクといった真新しいランドセルを見るのは辛い経験でしたが、新入学を楽しみにしていたに違いない幼い子の無事を、乗組員皆で祈ったことを昨日のことのように思い出します。

補給艦艦長として立ち会った「東日本大震災災害派遣」は、現場で迅速性と柔軟性を求められる中、艦長自ら判断し、行動することも多く、また、任務以外でもちょうど放送大学全科履修生として第一歩を歩み始めた時期とも重なったこともあり、私の人生の中で深く記憶に残るものとなりました。東日本大震災発災直後の緊急出港、被災者の刻々と変わっていくニーズを踏まえた救援物資の搭載、東北沖の濃霧、荒天下での僚艦への洋上補給、現場の惨状と接する乗員のメンタルヘルスなど、派遣された1ヵ月半は正に危機管理の連続であったような気がします。

そんな中、3月下旬に石巻湾でヘリから郵便物と一緒に放送大学の教材を受け取りました。以後、妻が放送を録画、録音し、1週間ごとまとめて送ってくれたＤＶＤを使って、洋上での学習がスタートしました。主に夜間の学習は、日中、現場の惨状に立ち会った後の気持ちの切り替えに、いわば私自身のメンタルヘルスにどれほど効果があったか知れません。

「危機管理の基本は、大きくとらえて初動全力、縮小するのは簡単、小さくとらえて拡大するには膨大なエネルギーが必要」このことばは、危機管理に関し、これまで上司、先輩から事あるごとに叩き込まれたものでした。しかし、このことばは、ちょうどこのとき学習していた、放送大学の「生活とリスク」で学んだ、正に「正常性バイアス」、「同調性バイアス」を排除することに他ならないことを知り、先人の言葉の重みを改めて噛み締めたものでした。

この3月10日、広島学習センター所属の森元さんとのご縁により、Ｉ（アイ）クラブ（学習サークルの一つ）のコミュニケーション講座で、「危機管理」についてお話する機会をいただきました。私の「ソマリア海賊対処」、「東日木大震災災害派遣」での艦長としての経験に基づく拙い話でしたが、安原所長はじめ、多くの先輩方に聞いていただき、活発な意見を頂戴しました。

全科履修生として、広島学習センターに在籍した期間は1年でしたが、この間、多くの出会いをいただき、かけがえのないご縁に巡り合いました。所長をはじめ、センターの皆様、学生の皆様に心から感謝を申し上げます。

私は、この5月13日に定年を迎え、全国を転々とする転勤生活に終止符を打ちました。長年の洋上勤務を支え、放送大学の訓義を録画、録音して艦の寄港地に送り続けてくれた妻に改めて感謝したいと思います。その妻も、DVDに記録しながら講義の内容に興味を持ったのでしょう、この4月から全科履修生「心理と教育」の第3年に編入学させていただき、2012（平成24）年度からは、夫婦そろって福井学習センターで学習しております。今度は、夫婦で是非とも広島学習センターの面接授業に参加したいと思っております。ありがとうございました。

（広島学習センター機関紙『往還ノート』、第200号、平成24年6月1日）

【名前】橋向亮介（はしむかい・りょうすけ）
【年齢】60歳
【職業】会社員
【所属学習センター】広島学習センター
【学生種別】全科履修生（社会と産業コース）
【既卒業コース（年月）】心理と教育（2015年3月）

涙を乗り越えて卒業

立脇寿江

私は、全科履修生として放送大学に入学いたしまして、10年かけて今日を迎えることが出来ました。今は、人生いろいろだなと思っています。「挫折してもいいかな。逃げ出そうかな。」と思ったこともありました。でも、学習をすること、学ぶこと、放送大学の学歌はまさにこの通りで、「学ぶことが生きることであり、力になっていく」という事を私はこの10年で教わったと思います。予定としては、昨年（?）の3月には本部の卒業式に行くつもりで、飛行機もとりホテルもとり、卒業する気でいました。そして、専門学校に入学したいと思い、大学枠の推薦を頂き、受験をして合格しました。

しかし、夫の生死に関わるような病気が分かり、どうしても進学することができなくなりました。試験直前になり、夫が救急搬送され、試験の真只中に亡くなってしまいました。通夜の日も試験だったのですが、通夜の前、学習センターに行き試験を受けました。しかし、見事に全部落ちて、あと2単位でしたがその2単位すら取れないで……今日、やっと夢を叶える事が出来たなと思っています。この日を本当に見て欲しかった夫はもう今は居ないですが、きっと青空のどこかで「笑っているかな」と今は思っています。

この10年間、最初は何も分からずにどうして勉強したらいいのか、どういう風に友達を作ったらいいのか、何も分からなくて、話す相手もいなくて、悶々としていたのですが、だんだん通ってくるうちにこのセンターに来るのが楽しくて、私のパラダイスになってきたように思っています。もちろん今もそうですが、ここへ来るといろんな方が声をかけて下さり、センター長を始め、スタッフの皆さんが声をかけて下さり、いつも笑顔で迎えて下さり、このような気持ちでここに来るとなぜかホッとでき、普段、家で読んだり見たり出来ないものがここにはあったりします。ちょっと心が疲れたとき、ここへ来て一人で集中して、自分の心を冷やす、心を休める、そういうことが出来るとても素晴らしい大学だなと思っています。

最後にこの10年間、私を支えてくれた夫、子どもたち、そして、所長を始め、スタッフの方々、客員教員の方々、本当に皆様に支えられて受け止めてもらえて今日を迎えることが出来ました。いろんな方とお友達になれて視野も広がりました。皆様に感謝申し上げます。

（鳥取SC機関紙『ぷりずむ』2015.11月号から転載）

【名前】立脇寿江（たてわき・としえ）
【年齢】60歳
【職業】会社員

【所属学習センター】鳥取学習センター
【学生種別】全科履修生（生活と福祉コース）
【既卒業コース（年月）】発達と教育（2015年9月）

楽しみながら学ぶ

倉増恵子

私と放送大学との出会いは、夫が定年後に香川県で新しい仕事に就くことになり、関西から来たことが始まりです。高松に住み始めると、すぐ近くに放送大学香川学習センターがあることがわかり編入学しました。子育ても終わり何か始めたいという気持と、私は出生時体重が1000グラムという超未熟児で生まれたので、子供の頃非常に体が弱かったことから、子育てでは食生活や健康に大変関心がありました。それで子育てが始まったばかりの頃、女子栄養大学の社会通信教育で栄養と料理コースを修了しましたが、もっと深く学びたいという気持をどこかに持ち続けていたからです。

最初は食生活や健康に関する科目や、自分の経験したことが学べるような科目から始めましたので、比較的スムーズに楽しく学ぶことが出来ました。2年で卒業となり、その頃には友人・知人も多くでき、学習センターに行くのがとても楽しくなっていました。それで以後再入学を繰り返し、現在は5つ目の「自然と環境コース」で学んでいます。

編入学後数年が経つと、子供達もそれぞれ親になって、私に助けを求めてくることも多くなり関西と高松を頻繁に往復しなければならなくなりました。その頃学んでいた「乳幼児心理学」のおかげで、孫の成長過程がよくわかり子供達夫婦に教えてあげられたことも多く、その結果、家族の関係もより親密になりより一層育児も楽しむことが出来ました。

香川や岡山だけでなく関西の自宅から日帰りで通える学習センターでも面接授業を多く受けましたが、最先端の内容をその専門の先生方に直接教えてもらったことはとても勉強になりました。そしてそこで知り合った方々との交流、またサークルや新入生歓迎会で知り合った方々との交流も私の貴重な財産です。若い頃の学習と違って、放送大学では楽しみながら学んだことで、より熱心に多くのことを学べ、心も豊かになったような気がします。香川に来て放送大学に学び、この9年間をとても充実して過ごせたことに感謝しています。

（『文部科学教育通信』No.389　2016.6.13「私の放送大学」から転載）

【名前】倉増恵子（くらます・けいこ）
【年齢】67歳
【職業】専業主婦
【所属学習センター】香川学習センター
【学生種別】全科履修生（自然と環境コース）
【既卒業コース（年月）】生活と福祉（2009年9月）、社会と産業（2011年9月）、心理と教育（2013年9月）、情報（2015年9月）

11章　新聞記事から

93歳 生涯勉強

【名前】沖　秀雄（おき・ひでお）
【職業】
【所属学習センター】広島学習センター
【学生種別】全科履修生
【既卒業コース（年月）】社会と経済（2003年9月）、生活と福祉（2005年9月）、産業と技術（2007年9月）、人間と探究（2009年9月）、自然と環境（2011年9月）、心理と教育（2013年9月）

中國新聞社提供、2013年11月1日

93歳 生涯勉強

「生涯学習」という言葉通りに、人生を歩む人がいる。93歳の沖秀雄さん(呉市)は、通信制の放送大広島学習センターで学び、教養学部全5コースの学位を取得する「グランドスラム」を達成した。全国で成し遂げた157人の中で最高齢だ。「分からないことを放っておけん性分なんです」。その好奇心は真っすぐで、みずみずしい。(鈴中直美)

呉の沖さん 最高齢で放送大全5コース卒業

71歳から放送大で学び始めた。10年前に直腸がんの手術をして一時中断したが、「社会と産業」「人間と文化」「生活と福祉」「自然と環境」「心理と教育」の5コースを22年かけて卒業。計358単位を取得した。

教材の問題と答えを自分の声でカセットテープに吹き込み、畑仕事中や布団の中で繰り返し聞く。そんな独自の勉強法を編み出した。「机に向かうより頭に入るんですよ」

日々の暮らしの中でも「何か、ためになる話はないか」とアンテナを張り巡らせる。NHKのニュースを小まめにチェックし、「ラジオ深夜便」に耳を傾ける。毎日の出来事や食べた物、出費などの記録も欠かさない。曖昧なことはそのままにしておけず、とことん調べ上げる。

学び続けることへの貪欲な姿勢。沖さんを突き動かすのは、好奇心だけではない。

10代の悔しさ 原動力

呉市の昭和西尋常高等小学校を卒業し、14歳で呉郵便局に入った。幕の内弁当が15銭で売られていた時代、月給は50銭。中学を卒業した同僚は1円5銭だった。「悔しい思いがしてね。それが勉強することの始まりですかね」と振り返る。

本格的に勉強を始めたのは太平洋戦争後。国泰寺高や慶応大の通信教育部で学び、宅地建物取引主任者の資格も取った。10代で果たせなかったことを取り戻すかのように、存分に学び続けてきた。5枚の卒業証書を前に「欲なたちだったのがよかったんじゃね」と照れ笑いをする。

妻のツヤコさん(86)は施設に入所しており、一人暮らし。朝は6時ごろ起きて前夜の宅配弁当の残りを食べる。テレビ番組「新婚さんいらっしゃい」が何よりの楽しみ。学びたいことが多すぎて、一人の寂しさを感じている暇はないという。

10月から、放送大に本年度新設された情報コースに挑戦している。パソコンにもほとんど触ったことがない。「卒業できるかな…。でも、命が続く限りやりますよ」

「あと30歳若ければ、税理士の資格も取りたいねえ」と笑う沖さん

衰えぬ学びへの情熱

【名前】清水佐市（しみず・げんいち）
【年齢】93歳
【職業】養鶏業
【所属学習センター】徳島学習センター
【学生種別】全科履修生（発達と教育コース）

徳島新聞社提供、2014年３月16日

県内最高齢の放送大学受講生

衰えぬ学びへの情熱

美馬市の清水伭市さん(91)

人街風

一生涯、勉強を続けたい―。91歳の清水伭《げん》市《いち》さん＝美馬市美馬町丸山、養鶏業＝が、テレビやＤＶＤを通じて自宅で学ぶ通信制大学「放送大学」の学生として、勉学に励んでいる。県内の同大生では最高齢。太平洋戦争で勉学を中断された悔しい経験を糧に、学位を目指し熱意を傾けている。

心理学関係の書物がずらりと並ぶ自宅の８畳の居間が、清水さんのキャンパス。大学から貸し出されたビデオやＤＶＤで授業を視聴しながら、熱心に手元の教科書に鉛筆を走らせる。

今も自宅近くの鶏舎で、１万羽を超すブロイラーを飼育する現役の養鶏家。週３日程度、仕事を終えた午後９時ごろから２、３時間、勉強に打ち込む。時間や場所を選ばず自分のペースで授業を受けられる放送大学の利点を生かす。

２００５年、興味のある科目だけを選んで学べる選科履修生として、82歳で入学。「当時は勉強し始めると目がさえ、徹夜になることも度々」と笑う。08年に、卒業すれば通常の大学と同じ学士の学位が取得できる全科履修に切り替えて勉学に励んでいる。

放送大学の授業ＤＶＤで学ぶ清水さん＝美馬市美馬町の自宅

「幼いころから本を読むのが好きだった」。穴吹町の山間部の農家で７人きょうだいの四男として育った。10歳で父を亡くし、畑仕事の手伝いが優先の毎日の中で、友人らから借りた本を読むのが一番の楽しみ。偉人の伝記を読みふけり「自分の世界が広がっていく楽しさを知った」。

間もなく太平洋戦争に突入する。兄の援助を受けて上京、昼間は工場で働き、夜には予備校に通った。しかし１９４３年、20歳で出征。学業の中断を余儀なくされた。

満州で終戦を迎えると、シベリアに抑留され捕虜生活を送る。貧しい食事と過酷な労働で多くの病死者が出る劣悪な環境の中で、勉強したいという気持ちがあらためて募った。48年に実家に戻ったが、経済的余裕はなかった。弟２人を大学に進ませる一方、自らは進学を断念して働く道を選んだ。

家庭を築き、養鶏に向き合って半世紀以上。一度は諦めた進学への思いを再燃させたのが、高卒資格がなくても自宅で学べる放送大学との出合いだった。「こんなありがたい大学があるとは知らなかった。80歳を超えシベリアでの誓いをようやく果たせた」

心理学など人間の発達に関わる分野を学ぶ「心理と教育コース」に籍を置く。

「青い目をしたソ連将校と日本人。人種が異なる人間の心理とはどのようなものなのだろう」。抑留中に感じていた疑問の一端を知ることができるかもしれないと考えて選んだ。今は学んだ知識を基に、７カ月になるひ孫の心の動きを分析しようと試みるなど、勉強できる喜びを日々実感する。

学位取得に必要な１２４単位のうち既に79単位を取得した。「息を引き取るときもペンを持っていたい」と情熱は衰えない。卒業できれば、次は大学院に進学するつもりだ。

（久次米美実）

社会部発

76歳「生涯学生」

【名前】平山英子（ひらやま・えいこ）
【年齢】81歳
【職業】専業主婦
【所属学習センター】広島学習センター
【学生種別】全科履修生（情報コース）
【既卒業コース（年月）】人間と探究（2001年3月）、発達と教育（2003年3月）、生活と福祉（2007年9月）、社会と経済（2009年9月）、自然と環境（2012年3月）

中國新聞社提供、2012年4月13日

76歳「生涯学生」

放送大学5コースで学位　広島の平山さん

放送大学広島学習センター（広島市中区）で今春、教養学部全5コースの学位を取得する「グランドスラム」を初めて達成した人がいる。東区の76歳、平山英子さん。入学して20年になる。「学べば学ぶほど、目の前がぱあっと開けてくる。世界が広がる。私ね、生涯、学生を続けたいの」

（鈴中直美）

「まだまだ、これから。賢治の研究書を出版するのが夢です」と語る平山さん＝広島市中区の放送大学広島学習センター

（撮影・井上貴博）

学ぶほど 目の前ぱあっと開ける

始まりは知り合いに言われた一言だった。「主婦は世間知らずよね」。会社員の夫と4男1女を育てていた平山さんは当時56歳。「そう言われればそうだわ」と納得し、「それなら勉強したい」。高校は卒業していたものの、大学に進みたくなった。

すぐに放送大学に入学。ただ「女性は家にいるもの」と考える昔気質の夫は機嫌が悪かった。いつも夫に黙って通学した。「反対されればされるほど意地になって、それが力になってたのかもしれないわね」。次第に学ぶことそのものにのめり込んでいった。

俳句が趣味だったこともあり、まず専攻したのは文学や芸術を学ぶ「人間の探求」。卒業までに9年かかった。続いて「発達と教育」「生活と福祉」「社会と経済」「自然と環境」の4コースに挑戦した。

物理や微分・積分などに苦労して単位を落とすこともあったが、へこたれなかった。「もの覚えが悪いもんだから」と、授業のDVDは5回も6回も繰り返し聞いた。聞くたびにペンの色を変え、ノートにびっしりと書き込んでいった。

「そしたらね、ちんぷんかんぷんのことでも分かってくるのよ。やればやるほど楽しくて」。そんな平山さんの姿にほだされたのか、夫も通学を黙認するようになった。

もちろん、年を重ねると体は衰える。62歳で脳腫瘍を発症して手術。退院直後に夫が食道がんで入院し、翌年亡くなった。その後も平山さんは2度手術を受けた。「いつ何が起こるか分からない」と思えば思うほど、勉強に熱が入った。

放送大学の受講にとどまらず、2004年に安田女子大大学院、07年に放送大学大学院を修了。両大学院では宮沢賢治の研究に取り組み、論文5本を仕上げた。引き続き、安田の大学院研修員として研究を続けている。

ことし4月から放送大学の「名誉学生」に。その後もほぼ毎日、弁当持参で広島学習センターの視聴学習室に通う。もう一度、文学を学ぼうと、朝10時から夕方6時まで、ヘッドホンで講義を聴き、ノートを取る。

「あのね、名誉学生の表彰状と卒業証書は自宅の仏壇に供えているのよ」と教えてくれた平山さん。「夫も喜んでくれていると思うわ」

高齢化 増えるシニア受講

高齢化が進む中、放送大学広島学習センターでは、60歳以上のシニア学生が増えている。2011年度は延べ838人が受講。5年間で1.5倍に膨らんだ。最高齢は92歳の男性だ。

センターによると、高齢者に人気がある授業は、生活に役立つ運動や健康、患者学など。地域活動での人間関係に生かそうと心理学を学ぶ人も多い。単位の修得は学びの証しとなり、やりがいにつながっているという。

放送大学は、全国に57カ所の学習センターやサテライトスペースがあり、テレビやラジオ、DVDなどを通じて学べる。入学は4月と10月の年2回。

学問はやればやるほど、面白さを実感

【名前】篠原一二三（しのはら・ひふみ）
【年齢】68歳
【職業】無職（定年退職者）
【所属学習センター】徳島学習センター
【学生種別】選科履修生（情報コース）
【既卒業コース（年月）】生活と福祉（2002年9月）、発達と教育（2006年9月）、社会と経済（2008年9月）、人間の探究（2010年9月）、自然と環境（2012年9月）、情報（2016年9月）
【既修了プログラム（年月）】大学院文化科学研究科修士課程政策経営プログラム（2005年3月）
【取得資格】放送大学名誉学生（2012年9月）、現全コース卒業（2016年9月）

徳島新聞社提供、2012年9月29日

学問はやればやるほど、面白さを実感

篠原さん（阿波）全制覇

放送大学教養学部5コース

県内初の快挙

放送大学が設けた5コースを卒業する篠原さん＝吉野川市鴨島町の鴨島自動車学校

放送大学徳島学習センター（徳島市新蔵町2）で学ぶ阿波市阿波町西原の篠原一二三《ひふみ》さん(64)が、設けられた教養学部の5コース全てを履修した。この快挙は「グランドスラム」と呼ばれ、県内では初めて。約7万3千人いる同大の学士でも達成したのは篠原さんを含め111人だけで、大学本部（千葉市）から「放送大学名誉学生」の称号が授与される。

篠原さんは元警察官。1966年4月、早く人の役に立ちたいという思いから、高校卒業後すぐに徳島県警に入った。しかし、大学生活への憧れも少なからずあった。98年10月、新聞で徳島学習センターが開校することを知り、入学を決意した。

最初は教養学部の「生活と福祉」コースを選択した。当時は県警鑑識課に勤務。事件が発生するたびに呼び出しがある不規則な生活だったが、寝る間を惜しんで毎日約3時間、勉強した。徹夜明けで試験を受けることも少なくなかった。

地域福祉、高齢者社会の生活設計など約90科目を履修して生活と福祉コース（4年）を卒業し、学士を授与された。2003年4月から放送大学大学院で修士も取得した。学ぶことが生きがいとなって、幅広い職種や年代の友人ができ、気持ちの面でも若返ったことが継続につながった。

その後も勉学への意欲は高まるばかりで「発達と教育」「社会と経済」「人間の探求」の3コースをそれぞれ2年かけて履修。今年9月末に最後の「自然と環境」コースを終える。5コースで履修した科目は150以上に上る。

現在は鴨島自動車学校（吉野川市鴨島町）の校長を務めている。「学問はやればやるほど、面白さを実感する。若いころには大学生活ができなかったが、何倍にもして楽しむことができた」と話す。13年度は放送大学で新たに設けられる「情報」コースに挑戦する。

（矢田諭史）

たゆまぬ努力 実る

【名前】山元圭介（やまもと・けいすけ）
【年齢】26歳
【所属学習センター】香川学習センター
【既卒業コース（年月）】産業と技術（2009年9月）

四国新聞社提供、2009年 9 月 28 日

たゆまぬ努力 実る

放送大学卒業式

県内受講生　山元さん 難病乗り越え　本庄さん 全6専攻制覇

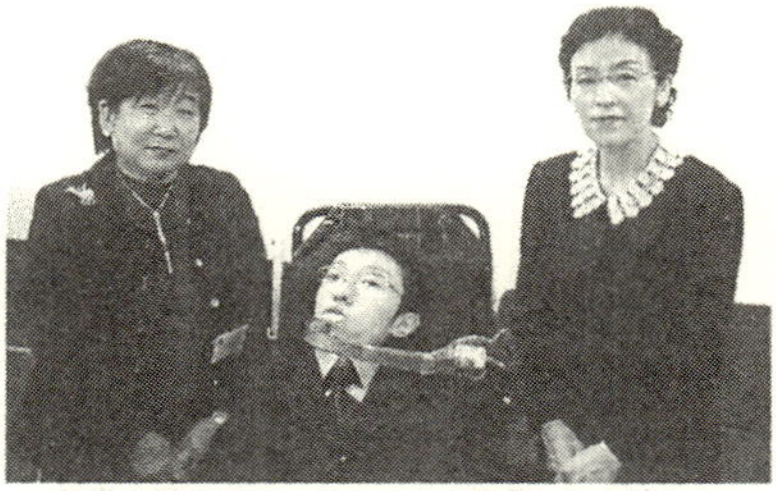

放送大学でグランドスラムを達成した本庄さん（左）、難病を乗り越え学位を取得した山元さん（中央）と母親の和江さん

テレビやラジオで学ぶ通信制大学、放送大学の卒業式が27日、高松市幸町の香川学習センター（山崎敏範所長）であった。難病の筋ジストロフィーと闘いながら学位を取得した小豆島町の山元圭介さん（26）、18年をかけ全6専攻で学位を取り「グランドスラム」を達成した高松市太田下町の本庄則子さん（57）ら20人に卒業証書と学位記が贈られた。

山元さんは、小学校入学前に筋肉が徐々に萎縮する筋ジストロフィーと診断され、現在は車いすで人工呼吸器を付けながらの生活。「高校卒業後も勉強を続けたい」と2002年に放送大学教養学部に入学。家族らに支えられ、7年半をかけて学位を取得した。

本庄さんは1991年に教養学部に入学。以来、学習塾やケアマネジャーなどの仕事を続けながら18年をかけて3コース6専攻の学位を取得。全専攻を制覇するグランドスラムを達成した。すべての学位の取得は全国でも珍しく、中四国では初めてという。

卒業証書を受け取った山元さんは「卒業できたのは、家族や病院スタッフの皆さんのおかげ。今後はパソコンなどを勉強し、ホームページを作りたい」、本庄さんも「ライフサイクルと合った勉強を生活の一部として続けてきただけ。次は大学院に進み、自分のペースで学んでいきたい」と話し、それぞれ新たな学習への意欲を見せていた。

山崎所長は「二人とも知的好奇心が強く、意欲を持って取り組む姿勢がすばらしい。若い人にも見習ってほしい」とたたえていた。

81歳の修了生

【名前】片山正晴（かたやま・まさはる）
【年齢】84歳
【職業】定年退職者（現農林水産業等従事者）
【所属学習センター】徳島学習センター
【既修了プログラム（年月）】大学院文化科学研究科博士課程生活健康科学プログラム（2014年3月）

徳島新聞社提供、2014年5月2日

放送大学大学院　徳島センターで過去最高齢

81歳の修了生

阿南市社協会長 片山さん

福祉を勉強「地域に役立てたい」

元阿南市助役の片山正晴さん＝同市吉井町＝が今春、放送大学の大学院を81歳で修了した。徳島学習センター（徳島市新蔵町2）では過去最高齢の修了生。戦後の混乱期に高校進学を果たせなかった悔しさをばねに「学びたい」という意欲を持ち続けた。会長を務める阿南市社会福祉協議会の活動に役立てようと福祉について深く学び、「得た知識を地域のために役立てたい」と意気込みを新たにしている。

片山さんは2003年4月に科目履修生となり、福祉関連を中心に46単位を取得。11年4月からは大学院修了を目指して修士全科生に。社協による地域活性化について、阿南市社協の結婚支援を中心に考察した修士論文を3年かけて仕上げた。

曲折もあった。当初は社会福祉をテーマに論文をまとめようとしたところ、担当教授から「範囲が広すぎる」などと指摘され断念。テーマを絞り込んだものの、今度は限定的になり過ぎたため再度、仕切り直した。

年間8回前後、千葉市の大学本部や京都市の京都学習センターなどに出向いて担当教授と客員教授の指導を受け、その間は阿南市の自宅で参考文献を読み込むなどして研究に励んだ。苦労の末にまとめた論文のタイトルは「社会福祉協議会の地域活性化の課題―阿南市の結婚支援を中心に」。1月に京都学習センターであった口頭試問を経て2月に合格の吉報が届いた。

片山さんの意欲の原点は、一度は高校進学を諦めざるを得なかったことにある。中学校を卒業して旧加茂谷村の役場に就職した後、1953年に大学入学資格検定に合格。70年には中央大法学部の通信課程を卒業。学習意欲が衰えることはなかった。

学んだ内容は今後の社会での活動に役立てるつもりだ。「ボランティア団体を立ち上げるなどして、人と人をつなげる活動を行いたい」と話している。（佐藤陽美）

放送大学の大学院を81歳で修了した片山さん＝徳島市新蔵町2の放送大学徳島学習センター

学びを心の糧に

【名前】林　哲博（はやし・てつひろ）
【年齢】79歳
【所属学習センター】鳥取学習センター
【学生種別】全科履修生（生活と福祉コース）
【既卒業コース（年月）】社会と経済（2009年3月）、人間と文化（2012年9月）

日本海新聞社提供、2012年10月29日

放送大学に3度入学した
鳥取市の林 哲博さん(75)

放送大学鳥取学習センターで学ぶ林さん＝鳥取市富安2丁目

学びを心の糧に
経験したことのない楽しさ

「社会や人生について、知らないことが多くて。学べば学ぶほど新しい世界が広がってきます」。鳥取市浜坂6丁目の林哲博さん(75)は、放送大学を2度卒業し、3度目の入学でさらに新分野の学びに挑戦している。学びを心の糧に、老後も生き生きと過ごす。

林さんは地元の信用金庫を64歳で退職。ボケ防止にと65歳で放送大学に入学した。「1年間家の中でごろごろしていたので、家内に背中を押されました」と笑う。

放送大学はラジオやテレビ、インターネットで遠隔教育を行う通信制大学。誰にも開かれた〝公開〟の大学で、入学試験もない。長年の銀行マンの経験を生かし民法や民事訴訟法以外の法律も学んでみようと、「社会と経済」コースを選択した。

入学して2年たったころ、「ゲノム生物学」を選って科目申請。届いた教科書を前にたじろいだ。遺伝子や染色体など分かったように思っていたが、1㌻も理解できない。困った林さんは高校の生物の参考書を購入し、一つ一つ探りながら読み進むと、箸にも棒にも掛からなかった内容が少しずつ頭に入ってきた。

「分からないことが理解できると本当に楽しい。今まで経験したことがありませんでした」。林さんの本気度がアップ、学習にのめりこむようになった。

病気治療のため1年間休学、7年間かけて72歳で卒業した。他の大学と同じ124単位を履修し、学士の資格を取得した。学習の楽しさを知った林さん、今度は「人間と文化」コースに2度目の入学、2年半かけて卒業した。さらに今年10月には「生活と福祉」コースに3度目の入学を果たした。興味の範囲が法律から古典、さらに福祉へと広がる。

平成24年度第1学期学位記伝達式で西田良平鳥取学習センター長（左）から2度目の学位記を授与される林さん＝9月30日、鳥取市富安2丁目の鳥取学習センター

第Ⅲ部　学習センター所長からのメッセージ

12章　学位記授与式での式辞とエッセイから

中国の放送大学訪問記

鳥取学習センター所長　小林　一

２０１６年３月に中国北京市に出張した折、仕事の合間を縫って「国家開放大学北京実験学院」を訪問することができました。日本の組織名で表現すると、放送大学北京学習センターに相当します。そこで知ることのできた中国における放送大学の様子を簡単に紹介してみましょう。

中国では、日本の放送大学にあたる通信制大学が、１９７９年に「中央広播電視大学」として設立されました。日本語訳をすると「中央ラジオ・テレビ大学」の名称になります。名前のとおり、ラジオとテレビによる通信媒体を利用した放送大学として設立され、文化大革命によって荒廃した高等教育機関における人材養成について、社会基盤構築の一翼を担うことを使命としました。中国では、１９７８年に改革開放政策によって経済体制の改革方針が樹立されており、本大学の設置もこうした社会変革を目指した取組みの一環として捉えることができます。「中央ラジオ・テレビ大学」の名称については、大学活動の国内への浸透と付与された社会的役割等を考慮して、２０１２年に「国家開放大学」（以下、開放大学と略称）の名前が与えられ、現在は二つが併用されています。

中国では、日本と同様に通信制大学は一般の大学にも併設されていますが、通信制教育としての中核は開放大学が担っています。本大学は中国政府・教育部の下に置かれており、全国の省・市レベルの約３０００箇所に学習センターが設けられ、３６０万人の学生が学んでいます。日本の放送大学における学生の在籍者数が約９万人ですから、その大きさが推察できるでしょう。設立当初はラジオとテレビによって通信教育を行っていましたが、現在ではインターネットを利用した在宅学習が主流となっています。

開放大学は、４年制の大学本科のほかに３年制を基本とする大学専科、そして大学院を合わせて設置されていて、在職者が働きながら学んでいます。大学専科は、日本の短期大学に相当するものです。教育組織は、教育学、言語学、経営管理学、理科、数学、工学、看護学、保育学のように多数の専門から構成されており、教養学部の単科からなる日本の放送大学とはやや形態が異なります。大学本科生には、卒業時に学位が授与されます。学費については、日本の場合と同様に一般の大学に比較して低水準に設定されています。また、開放大学には「国家開放大学培訓学院」の名称で研修センターが併設されており、企業や産業界等からの要請に沿った職業教育や研修が行われています。

北京学習センターは、北京市街地の西北部の海淀区中関村の一角にあります。訪問したときには職場の休日を利用して学修する学生の姿を見ることができました。北京を訪問される機会があれば、一度、訪問してみられたらいかがでしょうか。

（鳥取学習センター機関紙『ぷりずむ』２０１６年11月掲載）

http://www.campus.ouj.ac.jp/~tottori/center31/f-center-proff.html

「向き合うこと」・「かかわり合うこと」を基本にして

島根学習センター所長　佐々有生

6月、思いがけず、面接授業の受講を経験しました。

本学習センターでは、特別な事情がない限り、授業開始前に、所長が面接授業講師の先生を紹介しています。そのため、面接授業日が迫ってくると講師紹介に悩み始めます。講師の先生方は、ほとんどが自分とは異なる研究分野です。まずは講師の先生ご自身の自己紹介文や研究履歴などを参考にさせていただくのですが、自分の不得意な専門分野の研究となると、ほとほと困ってしまいます。講師紹介は、授業の前段で事務連絡と併せて短時間に行います。授業そのものではないので、当然ながら受講生の皆さんは聞き流されていいのですが、内容の間違いは許されません。せっかくの場なので、受講生の皆さんが聞きやすいように、また何かしらエピソードやユーモアを含めて先生のよさが伝えられないかなどと、欲張った思いも膨らみます。いずれにせよ、そこでは、限られた時間内に簡潔で的確な紹介が求められます。これは、所長の大切な役割だと思っていますが、未だに力及ばず、なかなかうまく果たせていないのが実情です。まずは講師の先生に対して失礼のないようにと頭を悩ませるばかりです。

講師紹介後は、そうした反省の気持ちを抱え、少々落ち込みながら講義室の後ろにさがって、わずかな時間でも授業の雰囲気や問いかけ・語りかけ、学習形態など、できるだけ講師の先生の指導の一端を拝見させていただくようにしています。それは、自分なりに、授業の導入のありようや語りかけなど、「授業をどう創るか」などといった、指導する立場からの何かしらヒント・手立てなどを学べるからです。よい雰囲気のうちに面接授業が始まっていくと、少しホッとし、落ち込んだ気持ちがようやく和らいできます。落ち込んでいる時だけに、それが、自分にとって何ともいえない心地よい「なぐさめ」にもなります。

ところで、思わず受講した面接授業は、放送大学准教授秋光淳生先生の「パソコンで学ぶデータ分析」でした。講師紹介の後に、いつもどおり恥ずかしい気持ちを抱きながら第二講義室の後方に移動しました。当該面接授業は、事前に14名の方が受講申し込みをされていましたが、実際の受講は10名でした。準備していたノートパソコンに空席があったり、「データ分析」への興味・関心が後押しになったりして、つい受講生の皆さんと一緒に学んでみたい気持ちが湧きました。内容は、「RとRStudio」というフリーのソフトウエアーを用いてデータを分析する方法でした。1・2コマくらいの授業参加のつもりでしたが、とうとう最後まで受講してしまいました。

個人的には、すぐに「データ分析」の活用とまではいきませんが、とてもよい学びの体験になりました。皆さんがそれぞれパソコンやソフトの扱い、データ処理など、熱心に、しかも十分に理解しながら学ばれていることに驚きながら、ディスカッションなどで受講生の皆さんと同じ目線で身近にかかわり合えたことが何より嬉しく思いました。

新任の頃、まず購入したのが「鉄筆」(謄写版用の原紙に文字などを記す用具）でした。教師の必携の用具だったのです。そう遠い昔話ではありません。今日、教育現場は、パソコン処理や簡便な印刷等、授業・業務等のあらゆる面でのデジタル・データ化・効率化がすすんでいます。しかし、いつの時代でも「教育」という営みは、「人と人とのかかわり」が原点だと思っています。放送大学は、文字どおり「放送メディア」を主体にした学びが最大の特徴ですが、島根学習センターは、お互いに「向き合うこと」・「かかわり合うこと」を基本にする学習センターでありたいものと願っています。

放送大学がめざす教養教育

岡山学習センター所長　岡田雅夫

放送大学教養学部卒業生のみなさん、このたびはご卒業本当におめでとうございます。放送大学岡山学習センター全教職員を代表して心よりお祝いを申し上げます。通信制大学に宿命付けられた様々な困難の中で、入学時の志を貫かれた皆さんのご努力に、改めて敬意を表したいと思います。

さて今年は、放送大学岡山学習センターが産声を上げて20年のめでたい年です。20年といえば成人ですね。その節目の年に卒業されるということでいい思い出になるのではないでしょうか。センターがこれから大人になっていく姿をぜひ見守っていただきたいと思います。

さて、皆さんの卒業をお祝いするこの席で、こんな話をするのは気が進まないのですが、いくらなんでもこんなひどいことになるとは思っていなかったのでお話します。それはいうまでもなくこの間、国会で強行されたいわゆる安保法案のことです。もちろんここでは、法案に賛成反対ということにはふれません。これが日本の国会かと疑うような有様でした。じつに残念なこと、というより正直いって怖いことだと思います。政府与党の首脳の皆さんは、いずれも立派な大学で教育をお受けになったはずです。いったい何を学ばれたのでしょう。

他方でしかし、この法案に反対する国民の運動が、若い人たち特に大学生や、ママさんたちを先頭に大きなうねりとなって巻き起こったことに励まされました。最近ある雑誌で次のような話を読みました。第二次大戦の一場面です。中国の戦場だ「殺人演習」という演習が行われたようです。生きている中国人捕虜を標的にこれを刺殺させるという演習で、あるクリスチャンの兵士が、この演習を拒否したというのです。もちろんこの兵士は徹底した懲罰を加えられます。とても立派な行為といえましょう。ところが戦後この元兵士は、あの時なぜ自分は上官や同僚の兵士たちに、「殺してはならぬ」と説得できなかったのかといって悔やむというのです。戦場でそんなことできるはずはありませんよね。この話を紹介した著者は、次のようにいいます。この兵士ができなかった説得は、時計の針を少し巻き戻せば、つまり戦争が始まる前であればできたかもしれない、というのです。法案は国会を通過しましたが、法律は国民の支持があってこそ実効性を持つのです。その意味でこのたび展開された国民の運動は、この法律を無効にし、戦争を未然に防ぐ役割を果たすことになると思います。

とりあえずは平和を保っているように見える日本社会で、一人生きていくのであれば、それほど困難ではないかもしれません。しかし、人間としてこの世に生を受けた者として、今日の社会の現状をわれ関せず、として見過ごすわけにはいきません。どうすればいいのでしょうね。私に確信があるわけではありませんが、いまのところ次のように考えています。半世紀前に大学教育を受け、その後40年近く大学で教育・研究に携わった延長線上で生きるほかないということです。つまり可能な限り曇りのない目でこの社会を読み解き、自分の生きる道筋を見出すことによって達成できるのではないかということです。曇りのない目を養う、それが、放送大学がめざす教養教育、リベラル・アーツということなのです。皆さんはまさにその教育をお受けになり、それを、このたびめでたく達成されたのです。でもそれは一区切りをつけたというに過ぎません。曇りのない目は進化させる必要があるものなのです。私も、岡山大学での学びに一区切りつけたあと、この放送大学において新たな学びを始めています。もちろん大学に入学することだけが学びの道ではありませんが、放送大学は、日本の大学の中で、もっとも大学の名にふさわしい教育機関だと思います。

少しばかり重い話になってしまいました。申し上げたかったことは、このような厳しい時代環境の中で、自らの生を生き抜くことが私たちのできることであり、その生を確かにするためにも、つまりいっそう曇りのない目で、自らの生きる道筋を見出すために、学びを続けてゆく必要があるということです。放送大学はいつでも皆さんをお待ちしております。

本日は誠におめでとうございます。

（岡山学習センター　2015（平成27）年度第2学期学位記授与式式辞）

私の最近の旅行術

広島学習センター所長　安原義仁

私は全国各地の学習センターから送られてくる機関紙に目を通すのを楽しみにしている。各学習センターならでの活動の様子がよくわかるし、豊かな学識と見識に裏付けられた所長や客員教員によるエッセイは含蓄に富んだ興味深いものが多い。とくに共感し、他の多くの人にも読んでもらいたいと思ったものは、「所長室コーナー」と称する掲示板に「全国各地の学習センターの機関紙から」と題して張り出している（発信すべきネタが切れた時の神頼みとすることもままあります！）。

直近では大阪学習センターの機関紙『みおつくし』の巻頭言「本当の「ハルカス」効果」（林正則所長執筆）を掲示させていただいた。阿倍野ハルカスを引き合いに、詩人ゲーテの旅行術が「全体の見渡し」（鳥の目）と「仔細な観察」（虫の目）にあること、従来の自分の立ち位置を変えて新たな世界をみはるかすことが「学び」であり「教養」だということが、巧まざるユーモアと飾らぬ語り口で述べられていた。大阪学習センターの新たなマスコット「マサノリ君」（事務職員による林所長の似顔絵）も掲げられており、ホンワカとした気分になった。

エッセイを読んで、ゲーテのような達人とは比べるべくもないが、実は私も似たような旅の仕方をしていることに気づいた。国内外どこであれ、旅先ではまず高いところに登り全体を見渡してから、町中をやみくもにぐるぐる歩き回るのである。ヨーロッパであれば教会の尖塔などが格好の対象である。遠い日、オックスフォード大学セント・メアリ教会の、人一人がやっと通れる急な階段を手すりや縄を伝いながら登って、「夢見る尖塔の町」の眺望をほしいままにした時の感激は今なお忘れがたい。ホテルに到着して一服した後、カメラ片手に町に飛び出してあちこちを歩き回り、路上観察とマンウォッチングに興じる、というのも自然に身についた。さすがに地図は手離せず、簡単な案内パンフレットも携帯するが、実際には好奇心と足が先行して、地図や案内は帰った後で確認・復習のために目を通すということが多い。

若い頃はそうして一日2～3万歩を平気で歩いたが（学生時代はワンダーフォーゲル部に所属、青梅マラソンにも数度参加したことあり）、最近は年相応に腰痛と膝痛を抱えるようになり、悲しいかな、旅の楽しみを存分には味わえなくなった。歩くことが十分にできなければ他の方法を探すしかない。ということで、最近、自分流旅行術を編み出した。自転車を活用するのである。レンタサイクルに乗れば、短時間で相当の範囲の町めぐりが自由にできる。坂の多い町の場合には電動アシスト付きサイクルにする。リュックサックにカメラ、地図、あめとガム、タオル、ペットボトルのお茶を入れて、風を切って見知らぬ町を駆け抜ける爽快感は格別である。名所旧跡や市場・商店街や博物館・美術館には適宜立ち寄る。

徒歩や自転車での旅の良さの一つは、現場の空気を直に感じられることであり、地理感覚が身に付くことである。東京など電車や地下鉄やバスで回っても、どこがどうなっているのかなかなか分からないが、自転車で回れば、たちどころに距離と方向が実感できる。実際、大都市東京も自転車でかなりのところに行ける。この方法で私は、折を見ては丸の内、皇居周辺、銀座、築地、三田、本郷、根津、上野、浅草、両国、深川などを探訪した。中国・四国地方では松山、徳島、高知を見学した。

サイクリング愛好は、実は若い頃からのことで、太田川や三篠川の堤防に沿って気の向くままに遠征したり、西条の広々とした田園を隈なく巡ったりした。折りたたみ自転車を車に積み、蒲刈島や大三島に渡って島一周の旅を楽しんだこともある。れんげ畑に寝転がって雲の流れるのを見、海辺の砂浜で弁当を食べながら、島影の間を行く船を眺めるのは至福のひとときであった。最近の私の旅の仕方の新しさは、都市の探訪に自転車を活用するようになったことである。怪我の功名といえるかも知れない。

古来言われているように、旅は学び・教育のかたちの一つである。職人の遍歴修業の旅、18世紀イギリス貴族の子弟が家庭教師付きで行ったグランド・ツアー（ヨーロッパ大陸大周遊旅行）、武芸者の武者修業、「何でも見てやろう」「青年は荒野をめざす」式の放浪旅、修学旅行、留学等々さまざまな旅があるが、そうした旅が見聞と視野を広げ、人間を一まわりも二まわりも大きくする効用をもつことは疑いないところであろう。そういえば、7年前に思い立って四国遍路の旅に出た同世代の友人が去る3月に無事結願した。「特別な感慨はわかなかったが、余分なものが削ぎ落とされてシンプルになったようだ」と言っていた。

旅心に誘われて山旅をしていると、「あの山の向こうには何があるのだろう」と思う。海を見れば「この海のかなたにはどのような世界が広がっているのだろう」との思いが募る。旅は好奇心に突き動かされて続いていく。学びの旅も同様であろう。その際、ゲーテに倣って「鳥の目」と「虫の目」の二つの目で観察することを心がけるようにしたい。知りたいという好奇心・知的探究心こそ学習の原動力であり、若さを保つ秘訣だと確信する。いつまでも知的好奇心を保ち続け、自分にみあった旅行術で世界と人生を楽しみたいものである。

（広島学習センター機関紙『往還ノート』第２１２号、２０１４年6月1日から転載）

「学び」とは

山口学習センター所長　阿部憲孝

皆さんは放送大学で、それぞれに様々な目的・考えを持って学んでおられますが、「学ぶ」ということは何でしょう。古来、孔子を初めとし、多くの聖賢、先達が学びについて語っています。人それぞれの思いはあるでしょうが、改めて私なりにその幾つかを眺めてみたいと思います。

孔子は「論語」の「学而第一」で

學而時習之　不亦説乎　有朋自遠方來　不亦樂乎　人不知而不慍　不亦君子乎

「学問をして、学びを実践に移そうとする時には、機会を逃さずにいつでも繰り返して真の知識を体得するということは、なんと愉快なことではないか。道を同じくする朋友が遠方から来て学について議論しあうことはなんと悦ばしいことではないか。世間から認められなくても怨まない。そういう人が学徳、仁徳の高い人ではないだろうか。」と述べています。

「学びたい」と思う時が「学ぶ時」で、他人の評価を気にするのではなく、「学びを身につけ、実践することが人を作る」のでしょう。

「所長就任にあたって」で紹介しました「實語教」には、「学ぶ」ことについて

山高故不貴　以有樹為貴　人肥故不貴　以有智為貴
冨是一生財　身滅即共滅　智是万代財　命終即随行
玉不磨無光　無光為石瓦　人不学無智　無智為愚人
倉内財有朽　身内財無朽　雖積千両金　不如一日学
……以下略……

と述べており、日本では、平安時代から江戸時代にこのように教えられてきたのです。

「山は高いから貴いのではなく、樹が繁っているから貴いのである。人は太っているから貴いのではなく、智慧があるから貴いのである（東大の矢内原総長が卒業訓示で「太った豚よりも、痩せたソクラテスになれ」と言ったことと似ていますね）。」

「富は自分一代の財産だけれども、死んでしまえばそれでお終い。智慧は代々の財宝で自分が死んでも後に残る。」

「璧玉も磨かないと光らない。光らない物は単なる石瓦に過ぎない。人は学ばないと智慧が身

に着かない。智慧が無い人を愚か者という。」

「蔵の内の財産は無くなることがあるが、身に着いた財産は朽ちることがない。お金をいくら積んでも、一日の学問には及ばない。」と書かれています。

「学ぶ」とは、「知識」を得ることのみではなく「知恵」を身につけることが肝心で、社会で暮らすためのものでもあり、社会に活かす方法を身につけることが大切で、一生が「学びの場」であろうと思います。

　学問研究であれ、仕事であれ、新しい事も先人の積み重ねの上に成り立っています。私は秋田県の出身ですが、秋田には「労農」といわれた石川理紀之助という方がおられます。石川翁は明治時代に貧農救済に生涯を捧げた人で、「暦観農話連」を組織し、農業のため尽くすと共に、感銘深い言葉を残していますので、その幾つかを紹介したいと思います。

「**寝ていて人を起こす事なかれ**」……自ら率先して物事を行うと初めて物事は進む。他人頼みでは何事も始まらない。一緒に苦しみながら活動して人はついてきてくれる。

「**井戸を掘るなら、水が湧くまで掘れ**」……目的を持って事を起こし、何事かを始めたら、粘り強く、結果が出るまで努力することが必要。福田康夫元首相が引用したのでご存知の方もいらっしゃることかと思います。

「**何より得難いものは信頼だ。信頼はつつみかくさず教え合うことから生まれる。進歩とは、厚い信頼でできた巣の中ですくすくと育つのだ**」……今の世の中で個々人が孤立するのは、お互いの信頼の欠如が原因の一つかと思われます。組織ができても回らない。また、情報は過多な程あるのに、内容を咀嚼・理解できず、うまく活用できず失敗してしまうことが多々あります。協力して事を行う、共に学び、教え合う、これらは必要と思いながらなかなかできません。「**進歩とは、厚い信頼でできた巣の中ですくすくと育つ**」……なんと含蓄のある言葉ではないでしょうか。先達に学ぶことの大切さを感じます。

放送大学で、「個人で学びながら、学習センターを活用し、共に学ぶ、教え合う」、「一生が、また全ての生活が、学びの世界」、「生涯が学びで、社会に関わる」を共に実践して行きたいものと思います。

（山口学習センター機関紙『とっくりがま』（第69号、2015年1月1日発行）より）

焦らず、慌てず、諦めず

徳島学習センター所長　大西徳生

熱戦が繰り広げられたリオ五輪が終わりましたが、今回は史上最多の41個のメダルを獲得したことは記憶に新しいと思います。そして、数多くの競技種目で、最後の最後まで『焦らず、慌てず、諦めず』の名言どおりメダルに結びつけた数多くのドラマに感動した印象深い大会になったのではないでしょうか。

ここで、印象深かったいくつかの種目を振り返ってみます。数多くのメダルを獲得したレスリング、全ての階級でメダルを獲得した柔道などは、時間制限のある中で、最後の最後まで諦めなかったことがチャンスを引き寄せ、大きな成果に結びつけたことが印象深く心に残っています。また、金メダルを獲得した競泳の萩野公介選手はライバル瀬戸大也選手がいて、競いあったことが大きな力になったようです。そして体操では、男子団体で念願の金メダルを獲得できましたが、予選から決勝まで、そのとき、そのときの戦略を立ててチーム全員が助け合いながら着実な演技をしたことが勝利に繋がりました。また、金メダルを獲得したバトミントン女子ダブルスでは、松友美佐紀選手がマッチポイントぎりぎりで心の持ち方を切り換えての積極的な攻撃に転じたことが功を奏し、大逆転劇につながりました。卓球は、福原愛選手、水谷隼選手らが活躍して男女共に団体で銅メダルを獲得しました。長時間のラリーを打ち勝つ技術力だけでなく、卓球台の端に当たって勝敗を分けるなどの運も含めた総力戦での戦いでしたが、精神力の強さと粘り力、そして強い団結力の成果だったと思います。このことは、日本人で初めてのメダルを獲得した錦織圭選手のテニスでも言えることだと思います。そして、世界をアッと言わせた陸上４００ｍリレーにおいて、堂々と銀メダルを獲得したシーンは、何度見ても感動させられます。１００ｍ10秒を切る選手はいなくても、個々の走力だけでなく、チームとしてのバトンパスを含めた総合力での勝利は痛快でした。

これらオリンピックでの輝かしい成果は、オリンピックに出場するまでの様々な過程において、つまずいたときは原点に返り、『焦らず、慌てず、諦めず』の思いで、練習に練習を積み重ねてきたからこそ、本番でも粘り強く、確実にポイントを挙げ、目標を達成できて、感動ドラマが生まれたのではないでしょうか。体操の内村航平選手は、個人総合での吊り輪で納得のいく美しい演技ができたことに一番の達成感を感じていたように思いました。そして、僅差で金メダルを逃したものの、彼の演技のすばらしさを認めているベルニャエフ選手の記者質問への受け応えに、すがすがしさを覚えました。どの選手も、自己ベストを尽くすことを目標に、自分自身が輝けるメダル獲得を求めてプレーしていたものと思います。

放送大学で学ばれている皆様も、数々のドラマを演じたオリンピックでの選手のひたむきな姿勢に共感された方も多く、色々な面で学ぶことも多かったのではないでしょうか。様々な制約がある中での放送大学での学びは、なかなか成果が表れないことも多いと思います。徳島学習センター発行の「放送大学での学びを活かす」も参考に、何があっても、絶えず原点に立ち返り、『焦らず、慌てず、諦めず』の名言を胸に心を乱さず、一歩一歩着実に、粘り強く歩むことを心がけて取り組めば、きっと自分を納得させる輝くメダルを獲得できるのではないでしょうか。

（徳島学習センター機関誌『よしの川』（第72号、2016年10月1日発行）より）

「学び」とは自分を変化させること

香川学習センター所長　大平文和

本日、さわやかな秋の気配を感じるこの良き日に、ご卒業を迎えられた皆様方に、香川学習センターを代表して心よりお喜び申し上げます。また、本日はご多忙のところ、この学位記授与式にご臨席を賜りました、前学習センター所長の山崎様、ほうゆう会会長の西原様、そして同窓会会長の関様に厚くお礼申し上げます。

さて、皆様方におかれましては、様々な環境のもとで勉学に励み、本日のご卒業を迎えられたことと思います。ある方は、昼間は働きながら、仕事の合間の時間あるいは休日や夜の時間を使って勉学し、卒業を実現した方もいらっしゃると思います。またある方は、高齢の中、大変な努力をされて勉学された方もいらっしゃると思います。また、この卒業をするために様々なご支援をされたご家族や関係者の方々もおられると思います。皆様方の、その困難を乗り越えられた努力に対し、心から敬意を表したいと思います。

放送大学はご存知のように、入り口は広く、受験をしなくても入れる開かれた大学です。しかし、卒業するには試験を受けて合格し単位を取得する必要があり、出口で確実に教育の質を保証する大学です。皆様は、そこをご卒業されたわけですから、本学の卒業生という誇りを持って、これからの人生を歩んで頂きたいと思います。

さて、皆様方は本日ご卒業を迎えられたわけでありますが、ここで今一度、「学問をして、卒業した」という意味を考えて頂きたいと思います。この「学問をして、卒業した」、ということは、単に「ある分野について一定の知識を得た」、ということだけではありません。皆様は、「教養学部」を卒業されたわけですが、皆様はこの「教養」（英語でリベラルアーツ）というものをどのように考えておられるでしょうか。

私は、この「教養」とは、単なる「一般的な知識」と言うより、知識や知恵を持った上で、ものの見方を幅広く深くでき、かつ自分の見識を持ち、それにより人間として高い精神を持つことだと考えています。つまり、「教養」とは、単に勉強して知識を得ることにとどまらず、ものを考える力を養い、それによって高い見識と志を持って生きるための「精神的基盤」である、ということです。

昨今の世界情勢や我が国の状況を見ますと、テロ、宗教紛争、経済紛争、移民問題、領土問題、核開発、身近には原発問題、オリンピック問題、教育の見直し論など、様々な混迷があります。このような混迷の時代にあってこそ、何よりも大切なことは、「精神的独立を果たすこと」、つまり「自分で考える力をつけ、見識を持つこと」です。そのためには「自分で考える努力をやめないこと」が大事です。

考えるという行為は、決して容易なことではありません。しかし、ここで確かなことは、考えるという力を身につけるための訓練は、皆さんはこれまでずっと続けてこられたということです。学生生活を通して、皆さんは今自覚しているか否かに関わらず、学びの過程を通じて「考える力」を育んでこられたのです。

ここで、本日のご卒業に当たりある文をご紹介したいと思います。これは、太宰治の『正義と微笑』という小説の一節にある文です。主人公の学生が回想する、ある先生の別れに際しての言葉です。有名な文なのでご存知の方もあるかも知れません。少し長いですが紹介します。文は原文から多少変更させて頂きます。

「もう君たちとは逢えないかも知れないけど、お互いに、これから、うんと勉強しよう。勉強というものは、いいものだ。代数や幾何の勉強が、学校を卒業してしまえば、もう何の役にも立たないものだと思っている人もあるようだが、大間違いだ。植物でも、動物でも、物理でも化学でも、時間のゆるす限り勉強して置かなければならん。日常の生活に直接役に立たないような勉強こそ、将来、君たちの人格を完成させるのだ。何も自分の知識を誇る必要はない。勉強して、それから、けろりと忘れてもいいんだ。覚えるということが大事なのではなくて、大事なのは、カルチベートされるということなんだ。カルチュアというのは、公式や単語をたくさん暗記していることでなくて、心を広く持つという事なんだ。つまり、愛するという事を知る事だ。学問なんて、覚えると同時に忘れてしまってもいいものなんだ。けれども、全部忘れてしまっても、その勉強の訓練の底に一つかみの砂金が残っているものだ。これだ。これが貴いのだ。勉強しなければいかん。そうして、その学問を、生活に無理に直接に役立てようとあせってはいかん。ゆったりと、真にカルチベートされた人間になれ。これだけだ、俺の言いたいのは。」と、このような文章です。

勿論、知識が総てではないとはいえ、知識の習得が不要な訳ではありません。ノーベル賞を受賞した湯川秀樹は、『目に見えないもの』という文の中で次のように書いています。文は原文から多少変更させて頂きます。

「教養という言葉も、やはり何か定まった対象に関する知識の修得を意味しているではあろうが、その対象が何であるかは、むしろ従であって、主ではない。知識の修得によって、個々の知識以外に、何かよきものを得る、自分自身の中によき変化をもたらし得る、というところに主眼点があるのであろう。」と、このように書いています。

つまり、この先人たちが言っていることは、学ぶということは知識を増やすことだけではなく、自分が変わることだ、ということです。

学ぶという営みは、自分にとって未知なものを自分の中に取り入れることによって、自分を変化させていく行為です。学ぶことは、自分が過去の自分でない新しい自分になることです。自分の中に他者を取り入れることによって、他者の考えや喜びや悲しみを理解出来るようになるのです。変化の激しい今のような混迷の時代においては、真の教養こそが次の解を見出すための基盤になり得るでしょう。慣習や思想や偏見に囚われず、時流や体制に流されず、自由な立場で世界を考えること。これこそがリベラルアーツ、真の教養です。自分の頭で考えることが大事で、その思索の向上のために、「学び」に終わりはありません。

本日、皆様は、卒業という一つの区切りを迎えられたわけでありますが、大学教育も卒業も、長い人生の中では一つの通過点に過ぎません。これから皆さんは、放送大学を卒業しそれぞれの環境で生活をしていくことになります。しかし、どのような環境で生きていくことになっても、放送大学で身につけた「学び、考える」ということを忘れずに続けて頂きたいと思います。

車のフォード社を作ったヘンリーフォードは、次のように述べています。

「20歳だろうが80歳だろうが、学ぶことを止めてしまった者が老人である。」と。

これから皆様が、深い教養に裏打ちされた素晴らしい人生を送られることを心から祈念しています。皆さんの新たな門出に当たり、お祝いとともに激励の言葉を送り、式辞と致します。

（香川学習センター　２０１６年（平成28）年10月学位記授与式式辞）

生涯学びつづけることの大切さ

愛媛学習センター所長　村上研二

今年の夏は記録的な猛暑が続き、7月末に行われた単位認定試験も暑さとの戦いという状況でしたが、この暑さもようやく和らぎ、秋らしい風を感じられる季節となりました。本日、放送大学平成28年度第1学期卒業式を迎え、卒業証書を授与された24名の卒業生の皆さんに、愛媛学習センターを代表して心からお祝いを申し上げます。

また、卒業生を本日まで支えてこられた御家族をはじめ関係者の皆様にも、お慶びを申し上げます。さらに、この場を借りまして、これまで卒業生たちを導いてこられた先生方、学業や学生生活に必要な支援をしてこられた職員の方々にも、改めて御礼を申し上げたいと思います。

本日、皆さんに授与された卒業証書は、その学業の証であり、ここに至る努力に深く敬意を表します。ご承知のように、放送大学は「学ぶ意欲のある人」が気軽に学べる場として設置されたもので、15歳以上の人なら誰でも無試験で入学できます。この意味では入りやすい大学ですが、一方で卒業することは非常に大変です。単位認定の試験は水準的にも高度ですし厳格なものです。また、入学時に持っていた「学ぶ意欲」を卒業まで持ち続けること、すなわち勉学に対するモチベーションの維持も期間が長くなると決して容易なことではありません。更に、卒業生の多くが仕事とうまく両立させながら勉学の時間を捻出する必要があるということも卒業を難しくしていると言えるでしょう。このような中でこのたび卒業を迎えられた皆様に、深く敬意を表したいと思います。

さて、大学を卒業するというのは皆さんの人生の中でも大きな節目ですし、皆さんに授与された学位は、その学業の証ではありますが、一方で、皆さんの生きているこの社会は、日々大きく変化しているという現実があります。こうした大きな変化の時代には、新しい状況を自らの頭で理解して問題を解決する力、そして社会の変化を吸収し学び続ける力が常に求められます。すなわち、本日の卒業は「学びのゴール」ではなく、「新たなる学びの出発点」でなければならないと言うことであります。自分の頭で考え、学び続けることが、今後の仕事や人生のあらゆる場面で必要となります。現に、本日の卒業生の中には、放送大学教養学部にある6つのコースの内、年月をかけて今回2つ目のコース更には3つ目のコースを卒業した方もおられます。自分の可能性を信じて、新たな目標に向かって努力をし続けること、すばらしいことだと思います。

幕末の儒学者　佐藤一斎が述べている言葉に次のような一節があります。

少くして学べば、則ち壮にして為すこと有り

壮にして学べば、則ち老いて衰えず

老いて学べば、則ち死して朽ちず

これを現代語になおしますと次のような意味になります。

「子供のころからしっかり勉強しておけば、大人になって重要な仕事をすることができる。大人になってからも更に学び続ければ、老年になってもその力は衰えることがない。老年になってからも尚学ぶことをやめなければ、死んだ後も自分の業績は残り、次の人々に引き継がれていく。」

この言葉ほど、生涯学びつづけることの大切さを説いたものはないでしょう。

卒業生の皆さんの、限りない可能性と今後のたゆまない努力に期待し、その将来に幸多からんことを願って、私からの式辞と致します。本日は誠におめでとうございました。

（愛媛学習センター　２０１６（平成28）年９月学位記授与式式辞）

新しき自分と一歩

高知学習センター所長　吉倉紳一

秋のお彼岸が過ぎ、朝夕はめっきり涼しくなり、夜は虫しぐれに心洗われる日々となりました。本日ここに、関係各位のご臨席のもと、２０１５（平成27）年度第1学期の卒業証書・学位記授与式を挙行できますことは、卒業生の皆様はもとより、放送大学高知学習センターの教職員一同、無上の慶びとするところであります。放送大学でかけがえのない学生生活を過ごされ、それぞれの学びの証である学位を得て、ここにめでたく卒業されることになった皆様に、当学習センターの教職員を代表して心からお祝いを申し上げます。

皆様の中には社会人として働きながら勉学を修められた方が数多くおられます。日々多忙の中で、強い克己心をもって、幾多の困難を乗り越え、自ら定めた目標を見事に達成して、この日を迎えられた皆様におおいなる敬意を表したいと思います。また、この日を待ちわびて、これまで長い間支援されてこられたご家族の皆様のお喜びは、いかばかりかと拝察し衷心よりお慶び申し上げます。

卒業生の皆様にとって、放送大学で学んだ数年間は楽しいことばかりでなく、時には苦しいこともあったかと思います。とりわけ、日々の仕事に追われ疲労困憊する中にあって、眠い目をこすりながら放送授業に耳目を集中したり、通信指導のレポートを書いたり、単位認定試験に備えたりする日々は、もう投げ出したい、あるいは、先送りしたいとの思いがふと脳裏をよぎったのではないでしょうか。しかし、本日栄えある卒業の日を迎えられた皆様には、その刻苦勉励の日々もほろ苦く一生涯忘れられない、良き思い出になっていくことでしょう。

さて、私、このシルバーウィークに滋賀県立近代美術館において開催中の「志村ふくみ展―自然と継承―」を見る機会を得ました。滋賀県出身の志村ふくみさんは日本を代表する染織作家です。１９８６（昭和61）年に紫綬褒章を受章されておられます。１９９０（平成２）年には紬織の重要無形文化財保持者として人間国宝に認定されました。さらに、２０１４（平成26）年には第30回京都賞「思想・芸術部門」を受賞されています。また、随筆家としても高名で１９８３（昭和58）年に「一色一生」で第10回大佛次郎賞を、１９９３（平成５）年には「語りかける花」で日本エッセイスト・クラブ賞を得ておられます。当日、近江の自然や文化をモチーフにし、刈安の黄、藍の紺や縹、紅花の鮮烈な赤や黄、蘇芳の青みがかった赤などに染めた糸を縦横に駆使した紬織作品を見た瞬間、その色彩と織り柄に思わず立ち尽くし、一気に志村ワールドに引きずり込まれました。志村さんは91歳の今もなお現役で活躍中です。作品の制作のみならず、平成25年に草木染めと紬織を学ぶ場としてArs Shimura（アルスシムラ）という学び舎を設立し、後進の指導にもあたっておられます。その志村さんが次のようなことを言っておられます。

絹糸は練ることにより光沢が得られ、撚ることより伸縮性が得られる。その絹糸を植物から煮出した染料と、植物を燃やして得られた灰を水に溶いた灰汁に通し染め上げる。さらに、それを空気にさらし酸化により発色を促す。これを手作業で何十回、何百回と繰り返すと、絹糸の1本1本の内部まで染料が浸透し定着する。したがって年月を経ても色褪せることなく、むしろ時間とともに固有の色を深めたり、色合いを変化させたりして、ますます味わい深くなる。一方、今日広く用いられている化学染料は鮮やかで多様な色に染まるが、染料は糸の表面を覆うだけである。したがって、年月とともに染料が剥落して色褪せしてしまう。

皆様は放送大学における学びを通じて、自分を練り、撚り、その身体の隅々までに叡智や知性を浸透させせました。また、自在の伸縮性も身につけられました。知識は時代の変化とともに陳腐化しますが、叡智や知性はあたかも植物染料で染められた絹糸のように、風雪に耐え、磨かれ、年月と共により一層輝きや深みを増し、その人の資質や人格として定着します。皆様は卒業を機にそのような叡智や知性の人として新たな一歩を踏み出すのです。

その皆様の門出を祝して、私の拙い挨拶句をお贈りします。

新しき自分と一歩豊の秋

そうです、皆様は放送大学で学ぶことにより新しい自分と出会われたのです。そしてこの豊穣の秋に晴れて新しい一歩を踏み出されるのです。これからの先行き不透明な時代には、迷うこと、悩むこと、自分を見失いそうになることがあるでしょう。そのような時には皆様の人生航路の母港である高知学習センターに寄港してください。そこには親身になって相談に乗ってくれる頼もしい仲間や先輩が、あるいは心優しい教職員がお待ちしております。本日の式典には皆様の先輩である同窓会の役員の方々にご臨席いただいております。皆様にはぜひ同窓会に入会し、折にふれ後輩を励ましに、あるいは近況報告に来所いただきたいと願っております。また、学習センターの活動をご支援いただければ幸いです。今回、情報コースを卒業され、全6コースを修め「名誉学生」となられました植木和男さんのように、新たなコースにつぎつぎとチャレンジしたり、大学院に進学したりして、今後とも放送大学に籍を置き、益々の研鑽に励んでいただければ、これにすぐる喜びはありません。

最後に、皆様一人一人が、心身ともに健やかで、放送大学の卒業生であることに自信と誇りをもって社会で活躍されますように、また、その前途に幸多かれと祈念し私の式辞といたします。

（高知学習センター　2015（平成27）年度第1学期学位記授与式式辞）

13章　放送大学への期待

放送大学への期待

広島学習センター所長　安原義仁

学生の声を聴く

放送大学は１９８３年に創設され、２０１３年に創設30周年を迎えました。これまでに放送大学で学んだ学生は総数で約１３４万人（２０１３年度）にのぼります。そして現在、約９万人の学生が学んでいます。にもかかわらず、放送大学についての社会的認知度は決して高くはありません。名前は聞いたことがある場合でも、今なお「ＮＨＫの大学ですか」とか「アナウンサーを養成する大学ですか」などといった類の誤ったイメージで理解している人が少なくありません。通信制の大学・遠隔高等教育機関で、基本的に社会人・成人を対象にした生涯学習機関であること、そして入学試験がない「誰でも入れる大学」であることも、社会一般の関心を惹かない一因かもしれません。

放送大学について良く知ってもらおうという取り組みは、これまでも、そして今も、あらゆるメディアを駆使して活発に行われています、しかし、さまざまな広報活動が展開されている中で、放送大学に学んだ学生の生の声を紹介する試みは、必ずしも十分にはなされてきませんでした。書物・冊子という媒体に限っていえば、これまでに刊行されたものは生涯学習研究会編『私の生涯学習―第一回放送大学卒業生の証言―』第一法規、１９９０年と放送大学新潟学習センター『学びの体験記』放送大学新潟学習センター、２０１０年（非売品）の2点のみです（もちろん、各学習センターの機関紙や大学本部の広報誌で、学位記授与式での謝辞や体験談などは紹介されてはいますが……）。

放送大学はどのような大学なのか。そこでいかなる教育・学習活動が展開されているのか。そうした大学での教育・学習の実態を知るうえで、実際に学んだ学生の体験に基づく生の声はこの上なく貴重な手がかりになるにちがいありません。「まえがき」に記したように、本書はこのような思いから編まれたものです。

幅広い年齢層の多種多様な学生が、どのような動機・目的をもって放送大学に学んだのか。

どのようにして学習を進めたのか。その過程でいかなる困難に直面し、それを克服したのか。学ぶ楽しみや喜びとその意味は？……。本書に収録した個々の証言はこれらについて雄弁に物語っています。その声にじっくりと耳を傾けていただきたい。そして、放送大学の素顔を多くの人々に知っていただきたいと思います。その際に、上記の個々の体験記・証言を読み理解するうえで参考となるようにと、放送大学に関する基本的事項と大学への期待を以下に記しました。

1　放送大学のＡＢＣ

本書「はじめに」の冒頭で述べているように、放送大学は放送大学学園（文部科学省・総務省所管）によって設置された正規の通信制大学です。今日、生涯学習の振興が叫ばれ、地方自治体あるいは新聞社などが主催する市民講座やカルチャーセンターが活況を呈しています。全国各地にある各種の「市民大学」、「老人大学」、「シルバー大学」の活動も盛んです。しかし、放送大学はこれらの大学とはまったく別の、文部科学省が認可した正規の通信制大学であり、生涯学習機関なのです。放送大学がマスコミ等で取り上げられる場合、しばしば、高齢者に目が向けられますが、30―40歳台を中心に若い人々も数多く学んでいます。ちなみに、放送大学設立の趣旨・目的は「テレビ・ラジオ放送による大学教育の実施」を通して「1. 生涯学習機関として、広く社会人等に大学教育の機会を提供する。2. 高等学校卒業者等に対し、柔軟かつ流動的な大学進学の機会を提供する。3.他大学との連携協力等により我が国の大学教育の改善に資する。」とされています。

放送大学は教養学部の1学部のみからなる単科大学です。「教養」や「教養教育」のあり方が大きな課題となっている中、大きな責任と役割を担っています。教養学部には現在、生活と福祉、心理と教育、社会と産業、人間と文化、情報、自然と環境、の6コースが設けられています。これらのうちのいずれかのコースに所属し、卒業（「学士（教養）」の学位取得）をめざす「全科履修生」は、テレビ・ラジオによる放送授業やＤＶＤ・ＣＤの視聴による学習、印刷教材による学習、そして対面式の面接授業（スクーリング、各都道府県におかれている学習センターやサテライトスペースで行われる）により、各自のペースで学んでいきます（２０１６年度より、いくつかの科目でオンライン授業も始まりました）。そして試験に合格し卒業要件である１２４単位を取得すれば卒業ということになります。選択科目として「卒業研究」（卒業論文）を実施することも可能です。

放送大学は「誰でも、いつでも、どこでも」学べる「開かれた大学」を理念に掲げています（英文の名称はThe Open University of Japan, OUJ）。したがって、入学試験を実施しておりませんが、厳格な教育の質保証システムを整えており、卒業するのは決して容易ではありません。

この「全科履修生」の他に、自分の関心・興味に応じて自由に授業科目を履修する「選科履修生」（在学期間1年）と「科目履修生」（在学期間6ヶ月）、特別聴講学生などの学生種別も設けられています。放送大学には大学院もあります。文化科学研究科の文化科学専攻の中に修士課程7、博士課程5のプログラムが設けられています。

放送大学は2学期制を採用しており、3月ないし4月と9月に各学習センターにおいて学位記授与式と入学者の集いが開催されます。このうち3月ないし4月の学位記授与式についてはNHKホールを会場に本部主催の授与式も盛大かつ厳粛に執り行われます。全国各地から晴着に身を包んだ卒業生・修了生が家族とともに集い、喜びを分かち合います。時に文部科学大臣本人が来賓として臨席することもあります。他の大学では見られない光景でしょう。放送大学の場合、さまざまな困難を克服しながら何年もかけて卒業・修了にいたった方が多いので、その喜び・感慨もひとしおのものがあるのでしょう。大きな会場がシーンと静まり返る中で読まれる謝辞に、あちこちからすすり泣きがもれるといった状況も現出します。学ぶことの尊さをあらためて実感するときです。そして、学位授与式の後には都内の一流ホテルで祝賀パーティが華やかに開催されます。

2　学習センターの役割

放送大学の組織は、千葉市美浜区の幕張にある大学本部と各都道府県に置かれている学習センター（50ヶ所）およびサテライトスペース（7ヶ所）の二つから成っています。大学本部には理事長や学長はじめ専任教員（約90名）と事務職員（約２５０名）がいて、大学の運営や教学の万般に従事しています。印刷教材や放送教材の作成（放送大学は独自の放送局とスタジオを持っています）も本部で行われます。しかし本部には学生はいません。学生は各学習センターに所属しそこを拠点に学習活動を展開するのです。年に二度の単位認定試験も学習センターで実施されます。

放送大学は通信制の大学であり、テレビやラジオは言うに及ばず、最新の情報通信技術（ＩＣＴ）を駆使して大学教育を提供するものです。その一方で、大学教育には教師と学生、学生と学生が直接対面して教え学びあうスクーリングの要素が不可欠であるとの考えから、各学習センターで面接授業が開講されています。卒業に必要な１２４単位のうち20単位以上は面接授業で取得することになっています。学習センターには所長と事務長・事務職員がいますが、近隣の大学等から客員教員を招き、その運営や教育に協力してもらっています。客員教員は学生の学習指導や学習相談の他、面接授業を担当することもありますが、面接授業の多くは同じく近隣の大学の教員などが担当しています。もちろん、本部の専任教員も担当します。学生の中には自分が聴講したい面接授業に参加するため、全国各地の学習センター巡りをする人もいます。

視聴・図書室での学習は言うに及ばず、学生のサークル活動や学友会・同窓会の活動も学習センターで展開されます。学習センターは放送大学の学生が直接触れ合って学生生活を実感する「キャンパス」なのです。

3　岐路に立つ放送大学―その使命と役割―

放送大学が創設されて33年、今、大学は大事な岐路に立っています。大学・高等教育は急速な大衆化をとげ、その機会は大きく広がりました。「大学全入時代」といわれ、とくに選り好みをしなければ、みんなが大学に進学可能な状況が現出しました。通信制の大学は放送大学の他にもありますし、通学制の大学も社会人枠を設けるようになりました。夜間主コースもあります。また、情報通信技術（ＩＣＴ）の飛躍的な発達による情報化社会の急速な進展は、大学・高等教育機関以外での学習・教育の機会を大幅に拡大しました。マスコミやインターネットなど、知識や情報を得る手段や機会は大きく開かれています。一方、日本は世界に類を見ない勢いで少子・高齢化社会へと向かっています。人口減少の流れは止まりそうにありません。その中で「生涯学習社会」という理念も標榜されています。

そうした状況の中で、放送大学はその独自の使命と役割をどのように考え、果たしていくのか。今、このことが問われています。放送大学を取り巻く現状には他にも厳しいものがあります。大学を運営するのに必要な資金のうちの多くを占める国庫補助金の額は、年々大きく減少しています。その不足分を埋めるべく学生数を増やそう（授業料等収入の増額）とあらゆる方策・手段を講じての多大な努力がなされています。各学習センターはその最前線に立って広報活動を展開しているのです。

放送大学は正規の大学、生涯学習機関、遠隔高等教育機関という3つの側面をもっています。この点をしっかりとふまえつつ、放送大学が今後めざすべき方向・進路を見定め、その独自の使命と役割を果たしていくことが求められています。そうすることによって、国民の期待と信頼に応えることが重要なのだと思います。

歴史を振り返ってみれば、成人教育運動や大学拡張運動など、開かれた大学や生涯学習の先駆的試みは、階級社会であった19世紀中葉のイギリスから起こりました。わが国の放送大学が参考にした公開大学（The Open University, OU）の創設もその延長線上にあります。階級社会の矛盾と溝を教育の力によって埋めようとしたのです。階級社会と格差社会、言葉は異なりますが、その意味するところは共通しています。

そして今、グローバリゼーションの進行とともに、世界のいたるところで格差社会の問題が生じています。これに関連して、経済格差を生みそれを拡大して「格差の連鎖」を生じさせる重要な原因の一つとして「文化資本」や「教育格差」の問題があるという指摘がなされています。教育機会とりわけ大学・高等教育機会をできるだけ多くの人々に開放して「生涯学習社会」を形成し、公平で平等な成熟した民主主義の社会を実現するうえで、「開かれた大学」、「生涯学習機関」である放送大学が果たすべき役割には大きなものがあります。放送大学に期待するゆえんです。

付記

本書を理解し、また放送大学について知っていただくために参考になる文献を以下に挙げておきます。

・石　弘光『新・学問のススメ―生涯学習のこれから―』講談社現代新書、２００７年。
・工藤庸子・岩永雅也『大人のための「学問のススメ」』講談社現代新書、２００７年。
・生涯学習研究会編『私の生涯学習―第一回放送大学卒業生の証言―』第一法規、１９９０年。
・放送大学新潟学習センター『学びの体験記』放送大学新潟学習センター、２０１０年（非売品）。
・松本　肇・趙　倖来『中卒・中退・不登校　誰でもイキナリ大学生―放送大学／通信制大学〝特修生制度〟活用法―』オクムラ書店、２００７年。

編集後記

放送大学の中国四国ブロックには鳥取（小林一所長）、島根（佐々有生所長）、岡山（岡田雅夫所長）、広島（安原義仁所長）、山口（阿部憲孝所長）、徳島（大西徳生所長）、香川（大平文和所長）、愛媛（村上研二所長）、高知（吉倉紳一所長）、の9つの学習センターがあります。何時のことだったか、年に3回開催されるブロック所長会議において、誰からともなく、「放送大学で学んだ学生のみなさんの学びの体験記のようなものがあればいいね」という声が上がりました。この声はすぐに反響と共感を呼びました。そして、香川学習センターの大平所長を代表者に放送大学の学長裁量経費を申請し、それに採択されたことから具体的な取り組みが始まりました。香川、高知、広島の3人の所長が編集委員となり、基本方針などをつめていきました。

学長裁量経費による事業としてこの取り組みを進める一方で、成果を出版社から書物として刊行する可能性も模索しました。せっかくの学生のみなさんの貴重な生の声（出版にあたり、形式や文章の統一・調整の必要上、最小限の加筆修正はしましたが）を、広く多くの人々に届けたかったからです。その結果、厳しい出版事情にもかかわらず、東信堂の下田勝司社長が本書の意義を即座に認め、出版を快諾してくださいました。

各所長からの執筆依頼に快く応じて玉稿を寄せていただいた学生のみなさん、記事の再録・転載を快諾された新聞社・雑誌社各位、編集作業に協力を惜しまれなかった各学習センターの所長と事務職員各位、そして東信堂の下田勝司社長に心より感謝申し上げます。

２０１７年３月

大平文和・吉倉紳一・安原義仁

【編集委員紹介】

大平文和（おおひら　ふみかず）

放送大学香川学習センター所長・香川大学名誉教授。

1949 年香川県生まれ。1975 年大阪大学大学院工学研究科修士課程修了。1989 年工学博士（大阪大学）。

1975 年日本電信電話公社（現、日本電信電話株式会社）入社。光エレクトロニクス研究所主席研究員、研究部長等を歴任し、2000 年同社を退社。2000 年から香川大学教授、香川大学工学部長、理事等を歴任。2014 年 4 月から現職。専門は知能機械工学、マイクロテクノロジー。

主要著書に『電子情報通信のメカトロニクス』電子情報通信学会（共著）、『マイクロマシン』産業技術サービスセンター（共著）などがある。

吉倉紳一（よしくら　しんいち）

放送大学高知学習センター所長・高知大学名誉教授。

1950 年滋賀県生まれ。1975 年大阪市立大学大学院理学研究科修士課程修了。1984 年理学博士（大阪市立大学）。

高知大学文理学部助手、高知大学理学部教授、高知大学大学院黒潮圏海洋科学研究科（博士課程）教授を経て 2015 年 4 月から現職。この間、高知大学理学部副学部長、高知大学評議員、高知大学副学長（教育担当）、高知大学総合教育センター長等を歴任。専門は地質学・岩石学。

主要著書に『日本地方地質誌・四国地方』朝倉書店（共著）、『日本地方地質誌・近畿地方』朝倉書店（共著）、『最新・高知の地質　大地が動く物語』南の風社（編著）などがある。

安原義仁（やすはら　よしひと）

放送大学広島学習センター所長・広島大学名誉教授。

1948 年広島県生まれ。1975 年広島大学大学院教育学研究科博士課程中退。広島大学大学教育研究センター助手、国立教育研究所室長、広島大学大学院教育学研究科教授等を経て 2011 年 4 月から現職。この間、広島大学評議員、大学評価・学位授与機構運営委員、広島大学附属小・中・高等学校校長を歴任。専門はイギリス大学史・高等教育。

主要著訳書に *The Origins of Higher Learning*, Routledge, 2016（共著）、『国家・共同体・教師の戦略—教師の社会史—』昭和堂（共編）、2006 年、R.D. アンダーソン『近代ヨーロッパ大学史—啓蒙期から 1914 年まで—』昭和堂、2012 年（共監訳）などがある。

放送大学に学んで——未来を拓く学びの軌跡

〔検印省略〕

2017年3月25日　初　版第1刷発行　　＊定価はカバーに表示してあります。

編著者 © 放送大学中国・四国ブロック学習センター　発行者／下田勝司

印刷・製本／中央精版印刷株式会社

東京都文京区向丘1-20-6　郵便振替 00110-6-37828　発行所

〒113-0023　TEL (03) 3818-5521　FAX (03) 3818-5514　株式会社 東信堂

Published by TOSHINDO PUBLISHING CO., LTD.
1-20-6, Mukougaoka, Bunkyo-ku, Tokyo, 113-0023 Japan
E-Mail：tk203444@fsinet.or.jp　http://www.toshindo-pub.com

ISBN978-4-7989-1420-6 C1037

東信堂

放送大学に学んで—未来を拓く学びの軌跡	放送大学中国・四国ブロック学習センター編	二〇〇〇円
ソーシャルキャピタルと生涯学習	J・フィールド著 矢野裕俊監訳	二五〇〇円
NPOの公共性と生涯学習のガバナンス	高橋 満	二八〇〇円
コミュニティワークの教育的実践	高橋 満	二〇〇〇円
学級規模と指導方法の社会学—実態と教育効果	山崎博敏	二二〇〇円
高等専修学校における適応と進路—後期中等教育のセーフティネット	伊藤秀樹	四六〇〇円
「夢追い」型進路形成の功罪—高校改革の社会学	荒川 葉	二八〇〇円
進路形成に対する「在り方生き方指導」の功罪—高校進路指導の社会学	望月由起	三六〇〇円
教育から職業へのトランジション—若者の就労と進路職業選択の社会学	山内乾史編著	二六〇〇円
教育と不平等の社会理論—再生産論をこえて	小内 透	三二〇〇円
マナーと作法の社会学	加野芳正編著	二四〇〇円
マナーと作法の人間学	矢野智司編著	二〇〇〇円
〈シリーズ 日本の教育を問いなおす〉		
拡大する社会格差に挑む教育	西村和雄・大森不二雄・倉元直樹・木村拓也編	二四〇〇円
混迷する評価の時代—教育評価を根底から問う	西村和雄・大森不二雄・倉元直樹・木村拓也編	二四〇〇円
教育における評価とモラル	西村和雄・戸瀬信之編	二四〇〇円
〈大転換期と教育社会構造：地域社会変革の学習社会論的考察〉		
第1巻 教育社会史—日本とイタリアと	小林 甫	七八〇〇円
第2巻 現代的教養Ⅰ—生活者生涯学習の地域的展開	小林 甫	六八〇〇円
第2巻 現代的教養Ⅱ—技術者生涯学習の生成と展望	小林 甫	六八〇〇円
第3巻 学習力変革—地域自治と社会構築	小林 甫	近刊
第4巻 社会共生力—東アジアと成人学習	小林 甫	近刊

〒113-0023 東京都文京区向丘 1-20-6　TEL 03-3818-5521　FAX03-3818-5514　振替 00110-6-37828
Email tk203444@fsinet.or.jp　URL:http://www.toshindo-pub.com/

※定価：表示価格（本体）＋税

東信堂

アセアン共同体の市民性教育	平田利文編著	三七〇〇円
市民性教育の研究―日本とタイの比較	平田利文編著	四二〇〇円
世界のシティズンシップ教育―グローバル時代の国民／市民形成	嶺井明子編著	二八〇〇円
中央アジアの教育とグローバリズム	嶺井明子・川野辺敏 編著	三二〇〇円
ヨーロッパの学校における市民的社会性教育の発展	武藤孝典・新井浅浩 編著	三八〇〇円
社会を創る市民の教育―協働によるシティズンシップ教育の実践	大友秀明・桐谷正信 編著	二五〇〇円
現代ドイツ政治・社会学習論―「事実教授」の展開過程の分析	大友秀明	五二〇〇円
アメリカにおける多文化的歴史カリキュラム	桐谷正信	三六〇〇円
アメリカ公民教育におけるサービス・ラーニング	唐木清志	四六〇〇円
社会形成力育成カリキュラムの研究	西村公孝	六五〇〇円
比較教育学事典	日本比較教育学会編	一二〇〇〇円
比較教育学の地平を拓く	山田肖子・森下稔 編著	四六〇〇円
比較教育学―越境のレッスン	馬越徹	三六〇〇円
比較教育学―伝統・挑戦・新しいパラダイムを求めて	M・ブレイ編著 馬越徹・大塚豊監訳	三八〇〇円
国際教育開発の研究射程―「持続可能な社会」のための比較教育学の最前線	北村友人	二八〇〇円
国際教育開発の再検討―途上国の基礎教育普及に向けて	小川啓一・西村幹子・北村友人 編著	二四〇〇円
発展途上国の保育と国際協力	浜野隆・三輪千明 著	三八〇〇円
トランスナショナル高等教育の国際比較―留学概念の転換	杉本均編著	三六〇〇円
東アジアにおける留学生移動のパラダイム転換―大学国際化と「英語プログラム」の日韓比較	嶋内佐絵	三六〇〇円
文革後中国基礎教育における「主体性」の育成	李霞	二八〇〇円
オーストラリアのグローバル教育の理論と実践―開発教育研究の継承と新たな展開	木村裕	三六〇〇円
マレーシア青年期女性の進路形成	鴨川明子	四七〇〇円
統一ドイツ教育の多様性と質保証―日本への示唆	坂野慎二	二八〇〇円
ドイツ統一・EU統合とグローバリズム―教育の視点からみたその軌跡と課題	木戸裕	六〇〇〇円

〒113-0023 東京都文京区向丘 1-20-6 TEL 03-3818-5521 FAX03-3818-5514 振替 00110-6-37828
Email tk203444@fsinet.or.jp URL:http://www.toshindo-pub.com/

※定価：表示価格（本体）＋税

東信堂

溝上慎一 監修　アクティブラーニング・シリーズ（全7巻）

- ①アクティブラーニングの技法・授業デザイン　安永悟・関田一彦・水野正朗 編　一六〇〇円
- ②アクティブラーニングとしてのPBLと探究的な学習　溝上慎一・成田秀夫 編　一八〇〇円
- ③アクティブラーニングの評価　松下佳代・石井英真 編　一六〇〇円
- ④高等学校におけるアクティブラーニング：理論編（改訂版）　溝上慎一 編　一六〇〇円
- ⑤高等学校におけるアクティブラーニング：事例編　溝上慎一 編　二〇〇〇円
- ⑥アクティブラーニングをどう始めるか　成田秀夫　一六〇〇円
- ⑦失敗事例から学ぶ大学でのアクティブラーニング　亀倉正彦　一六〇〇円

- アクティブラーニングと教授学習パラダイムの転換　溝上慎一　二四〇〇円
- 大学生の学習ダイナミクス—授業内外のラーニング・ブリッジング　河井亨　四五〇〇円
- 大学教育の数学的リテラシー　水町龍一 編著　三二〇〇円
- 大学のアクティブラーニング　河合塾 編著　三二〇〇円
- 「学び」の質を保証するアクティブラーニング—3年間の全国大学調査から　河合塾 編著　二〇〇〇円
- 「深い学び」につながるアクティブラーニング—全国大学の学科調査報告とカリキュラム設計の課題　河合塾 編著　二八〇〇円
- アクティブラーニングでなぜ学生が成長するのか—経済系・工学系の全国大学調査からみえてきたこと　河合塾 編著　二八〇〇円
- 初年次教育でなぜ学生が成長するのか—全国大学調査からみえてきたこと　河合塾 編著　二八〇〇円
- 主体的学び　創刊号　主体的学び研究所 編　一八〇〇円
- 主体的学び　2号　主体的学び研究所 編　一六〇〇円
- 主体的学び　3号　主体的学び研究所 編　一六〇〇円
- 主体的学び　4号　主体的学び研究所 編　二〇〇〇円
- 「主体的学び」につなげる評価と学習方法—カナダで実践されるICEモデル　S・ヤング&R・ウィルソン 著　土持ゲーリー法一 監訳　一〇〇〇円
- ポートフォリオが日本の大学を変える—ティーチング/ラーニング/アカデミック・ポートフォリオの活用　土持ゲーリー法一　二五〇〇円
- ティーチング・ポートフォリオ—授業改善の秘訣　土持ゲーリー法一　二〇〇〇円
- ラーニング・ポートフォリオ—学習改善の秘訣　土持ゲーリー法一　二五〇〇円

〒113-0023　東京都文京区向丘 1-20-6　TEL 03-3818-5521　FAX03-3818-5514　振替 00110-6-37828
Email tk203444@fsinet.or.jp　URL:http://www.toshindo-pub.com/

※定価：表示価格（本体）＋税